湖湘红色文化专题研修指南

主　编　吴　猛　张晓琳
副主编　李秀娟　谌湘闽

天　津

图书在版编目(CIP)数据

湖湘红色文化专题研修指南 / 吴猛,张晓琳主编；李秀娟,谌湘闽副主编. -- 天津 : 南开大学出版社, 2025.6. -- ISBN 978-7-310-06740-4

Ⅰ.G641.2-62

中国国家版本馆 CIP 数据核字第 20258NH733 号

版权所有　侵权必究

湖湘红色文化专题研修指南
HUXIANG HONGSE WENHUA ZHUANTI YANXIU ZHINAN

南开大学出版社出版发行
出版人：王　康
地址：天津市南开区卫津路 94 号　邮政编码：300071
营销部电话：(022)23508339　营销部传真：(022)23508542
https://nkup.nankai.edu.cn

天津午阳印刷股份有限公司印刷　全国各地新华书店经销
2025 年 6 月第 1 版　2025 年 6 月第 1 次印刷
240×170 毫米　16 开本　11.25 印张　178 千字
定价:68.00 元

如遇图书印装质量问题,请与本社营销部联系调换,电话:(022)23508339

前 言

红色文化是中国各族人民在中国共产党引领下创造的宝贵文化遗产与精神财富，是中国先进文化建设进程中重要的阶段性成果。在实践研修中，充分运用红色资源，借助红色场馆、革命遗址等资源，带领大家追寻红色记忆、感悟红色精神，开展"体验式、情景式"爱党情怀教育活动，传承红色基因，将爱国情、强国志、报国行，自觉融入实现中华民族伟大复兴的青春奋斗之中。

红色文化是彰显中国共产党人时代觉醒与历史自觉的革命文化形态，承载着中国共产党人的初心与使命，作为极具先进性的文化，更是涵养中国共产党人先进性和纯洁性的珍贵精神富矿，为立党、兴党、强党源源不断地输送精神养分。

在实践研修中，我们可从历史、理论、实践逻辑这三个维度，深入理解习近平总书记关于红色文化重要论述的主旨要义。这不仅有助于人们正确认识湖湘红色文化的当代价值，更能激励人们自觉成为湖湘红色文化的学习者与传播者。面对诋毁湖湘革命英雄人物的错误言行以及错误历史思潮，大家要保持清醒，积极斗争，牢固树立正确的历史观，守护好红色文化的精神高地。

本书精心遴选湖湘大地优秀革命人物，深度挖掘他们身上彰显的伟大精神，如坚定不移的理想信念、矢志不渝的红色初心、百折不挠的奋斗意志等。为将这些宝贵的精神财富传递给更多人，我们创新开展宣讲活动，组织学生奔赴湖湘伟人故居、纪念馆等红色圣地，进行实地宣讲，并录制高质量的宣讲视频，从而引导大家在宣讲红色故事中坚守初心使命，在感悟历史中接受精神洗礼，从红色文化中汲取奋进力量，不断坚定理想信念，汇聚起矢志不渝跟党走的磅礴力量。

本书也是湖南省高校优秀思想政治工作者项目《高职院校"五力协同"网络思政育人体系探索》的研究成果。

通过实践研修活动，引导大家理解湖湘红色文化背后的初心使命、家国情怀，激发大家主动弘扬和传承湖湘红色文化的自觉。同时，借助湖湘红色文化，帮助大家重温中国共产党的发展历程与奋斗历史，培养科学的历史认知，塑造理性的历史思维，拓宽广阔的历史视野，进而增强科学分析和评判历史的能力，激发大家自觉学习和传承湖湘红色文化的热情，提升道德品质，涵养高尚的精神境界。

目 录

绪论 …………………………………………………………………… 1

专题一　溯湖湘红色文化渊源 ……………………………………… 3

　第一节　实践导学 ………………………………………………… 3
　第二节　实践课堂 ………………………………………………… 12
　第三节　实践教学范例 …………………………………………… 16
　第四节　教学延伸拓展 …………………………………………… 18

专题二　研湖湘红色文化精神 ……………………………………… 27

　第一节　实践导学 ………………………………………………… 27
　第二节　实践课堂 ………………………………………………… 39
　第三节　实践教学范例 …………………………………………… 42
　第四节　教学延伸拓展 …………………………………………… 44

专题三　寻湖湘革命人物 …………………………………………… 48

　第一节　实践导学 ………………………………………………… 48
　第二节　实践课堂 ………………………………………………… 58
　第三节　实践教学范例 …………………………………………… 63
　第四节　教学延伸拓展 …………………………………………… 65

专题四　访湖湘红色文化遗址 ……………………………………… 68

　第一节　实践导学 ………………………………………………… 68

第二节　实践课堂 ………………………………………… 80
　　第三节　实践范例 ………………………………………… 81
　　第四节　教学延伸拓展 …………………………………… 83

专题五　读湖湘红色故事 ………………………………… **89**
　　第一节　实践导学 ………………………………………… 89
　　第二节　实践课堂 ………………………………………… 98
　　第三节　实践教学范例 …………………………………… 103
　　第四节　教学延伸拓展 …………………………………… 106

专题六　品湖湘红色家书 ………………………………… **118**
　　第一节　实践导学 ………………………………………… 118
　　第二节　实践课堂 ………………………………………… 129
　　第三节　实践教学范例 …………………………………… 132
　　第四节　教学延伸拓展 …………………………………… 134

专题七　赏湖湘红色歌曲 ………………………………… **138**
　　第一节　实践导学 ………………………………………… 138
　　第二节　实践课堂 ………………………………………… 144
　　第三节　实践教学范例 …………………………………… 149
　　第四节　教学延伸拓展 …………………………………… 150

专题八　践湖湘革命道德 ………………………………… **156**
　　第一节　实践导学 ………………………………………… 156
　　第二节　实践课堂 ………………………………………… 164
　　第三节　实践教学范例 …………………………………… 169
　　第四节　教学延伸拓展 …………………………………… 170

参考文献 …………………………………………………… **172**

绪 论

"为有牺牲多壮志，敢教日月换新天"，湖南是中国近代革命的重要策源地之一，被称为红色热土，近百年来，无数湖湘热血儿女为了挽救民族危亡、实现国家独立挺身而出，前赴后继，舍生忘死，谱写了一曲感天动地的英雄壮歌。湖南素有"湖南人才半国中""中兴将相，什九湖湘""半部中国近代史由湘人写就"和"无湘不成军"的盛誉。近代湖南亦是人才辈出，诞生了一代伟人毛泽东及刘少奇、彭德怀、贺龙、任弼时、罗荣桓等一大批杰出的无产阶级革命家、政治家、军事家、理论家，涌现了蔡和森、夏明翰、向警予、邓中夏、郭亮、杨开慧等一大批革命英烈。他们为中国革命的胜利和成立新中国立下了丰功伟绩。

湖南是伟人故里、将帅之乡、英雄之地，是中国共产党建党、建军、建政的重要策源地，红色遗址资源丰富。这里是毛泽东、刘少奇、任弼时、彭德怀、贺龙等重要革命人物故居旧居，是秋收起义、平江起义、湘南暴动、通道转兵等重大革命事件的发生地。这里有中共湖南省委、中共湘区委员会重要革命组织旧址，有中国共产党湖南历史展览馆、湖南雷锋纪念馆、"半条被子的温暖"专题陈列馆等重要革命场馆，有湖南烈士公园纪念碑、湖南醴陵烈士陵园、左权将军纪念碑、湘南起义纪念塔、华容县烈士陵园等重要革命纪念设施。红色遗址不只是历史遗留下的痕迹，还具有重要的历史价值、文化价值和教育价值。它是历史的见证，蕴含着中华民族传统文化与革命文化，是爱国主义教育的重要场所。在中国共产党领导的波澜壮阔的革命战争中，无数湖湘革命仁人志士告别父母，远离亲人，走向战场，在硝烟弥漫的战斗中，他们把自己的信仰和对亲人的思念付诸笔墨，写成一封封充满亲情、爱情与革命大义的家书，这些红色家书是湖湘红色文化的重要组成部分，能为开展湖湘红色文化实践活动提供最真实、最鲜活的素材。

湖湘红色文化实践研修的开展，离不开红色故事这一重要载体。湖南素有"伟人故里、将帅之乡、革命圣地"的美誉，具有丰富而独特的红色文化资源，这正是讲好湖湘红色故事生动的教材。

在中国共产党领导湘赣边秋收起义，创建井冈山革命根据地，以及领导创建湘鄂西革命根据地、湘鄂川黔革命根据地时期，为适应革命需要，湖湘大地涌现一首首红色歌曲，为当时工农革命军和广大人民群众所传唱，这些激昂奋进、感人肺腑的红色歌曲，为革命的胜利起了重要作用，其中所蕴含的革命精神值得人们代代传承。以毛泽东同志为代表的湖湘无产阶级革命家们经历革命斗争的风雨洗礼，在新民主主义革命、社会主义革命和建设中，怀揣梦想，跋涉不辍，为民族独立、人民解放和国家富强、人民幸福作出了不可磨灭的贡献，他们在这一时期形成的崇高理想、家国情怀、革命意志和优良传统是中国革命道德的重要组成部分，也是激励广大湖湘儿女继承革命意志，守初心，担使命，接续奋进，砥砺前行的重要精神力量。

专题一
溯湖湘红色文化渊源

第一节 实践导学

一、理论要点

红色文化是中国各族人民在中国共产党领导下创造的宝贵文化遗产和精神财富，是中国先进文化建设的重要阶段性成果。

（一）红色文化内涵

"红色"本来只是一种自然颜色，在《现代汉语词典》中红色除了表示颜色外，还有象征革命或政治觉悟的意思，红色具有如下释义：共产主义的；与中国共产党有关的；革命的；强烈信仰的；新民主主义时期的；等等。"文化"这一概念古今中外释义众多，其中具有代表性的是被称作"人类学之父"的爱德华·泰勒在《原始文化》一书中所说的："文化，或文明，从其广泛的民族学意义上而言，它是一个错综复杂的总体，包括知识、信仰、艺术、道德、法律、习俗和人作为社会成员所获得的任何其他能力和习惯。"[1]《辞海》中关于文化的定义有广义、狭义之分，广义的文化指为"人类社会历史实践过程中所创造的物质财富和精神财富的总和"。从以上解释可以认为，文化的内涵是"影响和解释人类生活方式的知识、制度和观念，其中知识指关于自然和人类社会的所有认知；制度指规范人类行为的规章、程序、伦理道德和习俗的集合；观念指思想、信仰、道德

---

[1]（美）爱德华·泰勒.原始文化：神话、哲学、宗教、语言、艺术和习俗发展之研究[M].连树声，译.南宁：广西师范大学出版社，2005：1.

观、价值观和审美观等"①。文化外延包括语言、文字、艺术、哲学、宗教、法律、道德、习俗、科技知识、文化设施、文化产业、政治文化、经济文化、社会文化、环境文化和个人行为文化等。

习近平总书记在湖南考察时说:"湖南是一方红色热土,大批共产党人在这片热土谱写了感天动地的英雄壮歌。"②湖湘红色文化在特定的地理环境中形成,和湖湘传统文化有着耦合机制,是中国红色文化发展的重要源头。

(二)湖湘红色文化形成的社会历史条件

从理论层面看,"一定的文化是一定社会的政治和经济在观念形态上的反映"。③湖湘红色文化则是湖南独特的社会历史条件的产物。

1. 湖湘红色文化在湖南社会关系的深刻变革中形成

20世纪初,中国的社会关系发生着急剧而深刻的变革,正是这种变革催生了红色文化。正如习近平总书记所概括的"国家蒙辱、人民蒙难、文明蒙尘",呼唤中国人民和中华民族的伟大觉醒。首先就是思想启迪、文化启蒙势在必行——红色文化应运而生。

(1)民族危机的加深

1899年后,湖南岳阳、长沙、湘潭等城市相继开埠,西方文化、经济、政治势力逐渐进入湖南。相当部分的生产原料和商品市场被西方列强占有,民族企业发展步履维艰。1916年,在湘各国领事联合向湖南当局施压,相继在湘潭、益阳、常德等地设立华洋诉讼处,严重侵害了湖南司法权,湖南当时先进的知识分子密切关注着彼时的严重形势。毛泽东后来回忆:他那时就深深意识到国家兴亡,匹夫有责,开始探索救国的道理。

(2)阶级矛盾的激化

民国初年,中国进入军阀混战时代。湖南地处南北要冲,成为军阀长期拉锯的战场,烽火连绵、社会动荡,使得百业凋零,田园荒芜,再加上地主侵吞土地,欺压农民,北洋政府频繁推出各项苛捐杂税,物价飞涨,广大湖南民众不堪重负,生活在水深火热之中,社会阶级矛盾迅速激化。

---

① 胡光宇.中国共产党文化建设[M].北京:人民出版社,2011:4.
② 习近平.论中国共产党历史[M].北京:中央文献出版社,2021:285.
③ 毛泽东.毛泽东选集(第二卷)[M].北京:人民出版社,1991:694.

正在长沙求学的毛泽东、蔡和森、何叔衡、罗学瓒等人目睹这样的社会现实，决心投身反对帝国主义侵略和北洋军阀统治，争取民族独立、人民幸福的行动中去。这是湖南早期马克思主义者最显著的共同特点，也是近代湖南社会变迁为湖南红色文化的诞生提供的最广泛、最深刻的社会条件。正是在这样的社会背景下，辛亥革命以后，湖南新文化运动、马克思主义传播、共产党早期组织创建等一系列孕育催生湖湘红色文化的历史事件相继出现。

2. 湖湘红色文化在新文化运动的广泛影响下诞生

1919年5月，列强企图吞并中国山东的消息传到湖南，长沙报纸立即连续刊登文章，发出"吾人断断不能承认！吾人当以死抗争"的呼声。广大青年更是情绪激昂，奔走散发《请看我国之危险》等救国传单。5月7日，长沙学生举行大规模游行，虽然游行队伍被军警驱散，但运动很快波及长沙以外地区。5月28日，湖南学生联合会成立并领导长沙各校学生举行总罢课，湖南其他城市学生相继响应。不久，又扩大为教育界、工商界、新闻界等社会各界人士广泛参加的全民运动。由于军阀张敬尧采取解散学生联合会、逮捕学生等镇压手段，湖南民众又掀起驱张运动并取得成功。五四运动的进程，使湖南广大知识分子进一步感觉到：政治的变革必须以社会和国民道德的改良作基础，于是，一场新文化运动在湖南汹涌展开。

（1）新民学会等进步团体的成立

湖南新文化运动前后，健学会等进步团体相继成立，这些团体以"输入世界新思潮"为宗旨，践行"研究新思潮，辨别是非，服从真理"的思想，推动了湖南新文化的兴起与传播。这类进步新团体的代表是新民学会。

新民学会是毛泽东、蔡和森、萧子升等人面对"国家坏到了极处，人类苦到了极处，社会黑暗到了极处"的状况，于1918年4月在长沙发起组织的青年进步团体。新民学会以"砥砺品行，改良人心风俗"为宗旨，成立之初就发起青年学生赴法勤工俭学活动，使一大批"头脑清醒，志向远大"的青年走出国门，"真心求学，实意做事"，从而孕育了一批中国共产党的早期领导人。新民学会是湖南五四运动的中坚力量，组建湖南省学生联合会，创办《湘江评论》，高举"民主与科学"的旗帜，号召实现

"民众大联合",使湖南的反帝反封建斗争磅礴开展。之后,新民学会接受并传播马克思主义,孕育了湖南共产主义知识分子群体,为湖南早期共产党组织的创建提供了组织基础。

（2）《湘江评论》等新文化报刊的创办

湖南新文化运动中涌现出许多进步报刊。长沙《大公报》刊登介绍陈独秀、李大钊等人鼓动思想解放、文化更新的文章,连续报道俄国十月革命的消息,发表了《俄罗斯苏维埃共和国宪法》全文。湘雅学校的《新湖南》提倡"共和时代的新道德",周南女子学校的《女界钟》讨论"妇女解放"问题,高等工业学校的《岳麓周刊》重在"发扬平民精神",明德中学的《明德周刊》以"唤起爱国精神为宗旨"。以湖南学生联合会名义发行,毛泽东任主编的《湘江评论》,是这一时期影响力最大的刊物,毛泽东在《创刊宣言》中指出,《湘江评论》的职责,"就在不受一切传说和迷信的束缚,要寻着什么是真理"。这些新报刊使得社会主义、民主主义等新思潮在湖湘大地广为传播。

（3）新思潮、新学说在湖南的传播

在新民学会等进步团体、《湘江评论》等进步报刊的推动下,一场前所未有的思想解放运动席卷三湘大地,正如毛泽东所言:"洞庭湖的闸门动了,且开了！浩浩荡荡的新思潮业已奔腾澎湃于湘江两岸了！"当时,迅猛传播于湖南的新思想、新学说主要包括以下几种：倡导个性解放；主张妇女解放；实行平民教育；兴起工读互助。五四新思想新文化,成为广大湖南进步青年接受马克思主义的前奏。

（三）湖湘红色文化在中国红色文化发展中的地位与价值

1. 湖南成为中国共产党的策源地之一

在新文化运动和十月革命的影响下,全国出现了很多由抱着爱国之情、忧国之心、救国之志的青年组成的进步团体,湖南的新民学会是当时汇聚人才最多、组织最为严密、影响最大的一个进步青年团体,而且成立不久,不少会员就开始接受了马克思主义,提出成立中国共产党的主张。1920年,在法国留学的蔡和森"猛看猛译"《共产党宣言》等马列著作,他在给毛泽东的信中指出,"我对于中国将来的改造,以为完全适用社会主义的原理和方法",而实现社会主义的唯一制胜方法就是"阶级战争——无产阶级专政"，为此就先要组织党——共产党。毛泽东回信表示："你见地极当，我没有一个字不赞成。"蔡和森、毛泽东之间的通信，是中国共产党最早的建党文献。之后，毛泽东、何叔衡等人组建的长沙社会主义青年团和长沙共产党早期组织，成为中国共产党成立的重要源头之一。

湖南共产主义者创建了长沙早期共产党组织，参与了国内、国外6个共产党早期组织的创建和活动。中国共产党最早的50多名党员中，五分之二是湖南人。他们在党的创建史、奋斗史上留下了无数深刻隽永的印记：第一位明确提出"中国共产党"概念的建党理论家是蔡和森；第一个强调"唯物史观是吾党哲学的根据"的毛泽东是中国共产党的主要缔造者；中国共产党的第一位女党员是缪伯英，第一位工人党员是李中；中国共产党的第一个女中央委员是向警予。1920年至1921年入党的湖南早期党员中，有30多位革命先烈牺牲。先驱之创举，先烈之鲜血，让湖湘红色文化之花越开越盛。

2. 湖南掀起中国农民运动的高潮

农民问题是中国革命的根本问题，湖南是中国共产党领导农民运动的主要策源地。北伐时期，湖南农民运动提出"打倒土豪劣绅""打倒贪官污吏"的口号，动员和组织广大农民加入农会、参加大革命。中共湖南区委明确提出：会党原来是被压迫阶级起来反抗压迫阶级的组织，会众大部分是破产农民和失业手工业者，他们"有反抗现在社会的要求""有严格的组织""勇敢的精神"和"共同奋斗的义气"，引导得好就能在革命中发挥作用。大革命走向高潮时期，湖南湘潭、长沙、平江、醴陵、衡阳、邵阳、常德、益阳、岳州、郴州、永州等会党活动的重要地区，都成为农民运动十分高涨的州县。

在毛泽东和湖南党组织的指导下，1926年12月，湖南省第一次农民代表大会在长沙举行，毛泽东应邀出席了大会并作了重要讲话。他强调："农民问题乃国民革命的中心问题，农民不起来参加并拥护国民革命，国民革命不会成功。"① 这次大会制定了铲除贪官污吏、打倒土豪劣绅、建立民主政权和建立农民武装等30多个决议案。易礼容在大会发表的宣言明

---

① 毛泽东.毛泽东文集第1卷[M].北京：人民出版社，1993：37.

确指出，土豪劣绅是封建军阀政治的基础，而打倒土豪劣绅是铲除封建制度最有力的革命行动，必须使农民在乡村中建立民主自治，才能从根本上铲除土豪劣绅的封建政权。这表明湖南的农民运动已经在政治上明确地提出了推翻封建地主阶级政权，建立农民政权的要求，代表了这一时期全国农民运动发展的正确方向。到1927年1月初，湖南全省农民协会会员已达200万人，党能直接领导的农民群众近1000万人；农民运动的深度和广度都已超过了其他各省走在了全国的前列，标志着湖南已成为全国红色农民运动的中心。

毛泽东作为中共中央农民运动委员会书记，于1927年1月4日至2月5日在湖南开展农民运动考察，先后到湘潭、湘乡、衡山、醴陵、长沙等五个县，走访群众，召开座谈，调研后写下的《湖南农民运动考察报告》，成为中国共产党领导农民运动的重要指导纲领。毛泽东畅快地写道："农村里剥削阶级势力一倒，农民的文化运动便开始了。""农运发展的结果，农民的文化自然提高了。"

1927年，毛泽东又在湖南边界发动秋收起义，在浏阳文家市决定转兵，最后进军井冈山，建立农村革命根据地，开创了农村包围城市、武装夺取政权的新民主主义革命正确道路。井冈山精神，朱毛红军的党魂军魂，成为红色文化的核心和最亮丽的名片。

3. 湖南在中国工人运动史上独树一帜

中国共产党是中国工人阶级的先锋队，担负着冲锋在前领导工人运动的重任。湖南是中国工人运动的重要诞生地之一。20世纪初，湖南近代工矿业发展迅速，到1919年五四运动爆发时期，工矿业、手工业和服务业工人总数已经超过40万人，成为湖南社会不可忽视的新兴力量，湖南工人运动也由此而兴起。在共产党早期组织的指导下，1920年11月，湖南第一个有纲领、有宗旨的工人组织"湖南劳工会"正式成立，会员很快发展到7千余人，遍及机器工等22个工种，标志着湖南工人运动的新开端，为马克思主义在湖南的传播奠定了阶级基础。

1921年中共一大决议在全国集中力量开展工人运动。毛泽东参加一大回到湖南后，决定以安源路矿为重点展开湖南工人运动。安源路矿有工人近1.7万人，是中国当时最大的工矿企业之一，安源党组织由湖南党组织领导。这年秋冬，毛泽东两次到安源路矿进行调查，向工人进行革命宣传。之后，湖南党组织派李立三、刘少奇等到安源开展工作，安源路矿工人喊出"从前是牛马，现在要做人"的口号，提出废除封建把头制、增加工资、保障工人权利等17项要求。这次罢工是中国工人运动史的壮举，也是中国共产党独立领导工人斗争取得的第一次胜利。

当时在湖南省党组织的领导下，安源路矿成立了中国共产党第一个产业工人支部、第一所党校、第一支工人武装、第一个消费合作社，那几年，安源的党员数量曾占到全国党员数的1/3甚至更多，为革命输送了大批党员干部，之后，1922年10月，毛泽东领导了长沙泥木工人罢工；12月，蒋先云领导了水口山铅锌矿工人罢工。这些工人罢工都规模大，影响广，不仅有力推动了湖南工人运动的发展，而且在中国工人运动史上都占有重要的地位。所以，湖南是中国工人运动的重要诞生地。

4. 湖南为伟大建党精神的形成提供了历史滋养

在中国共产党创建初期，从1920年党的早期组织，到1921年中国共产党的正式成立，再到1922年党的二大，涌现了以毛泽东为杰出代表的上百位湖南早期党员，传播建党学说，发出建党先声，勇为建党先驱，为追求真理、坚定信仰、树立理想和践行初心、担当使命而不懈探索、开拓奋斗，谱写了开天辟地的建党壮举和感天动地的英雄壮歌，为伟大建党精神的形成提供了历史土壤，主要内容如下。其一，"正式成立一个中国共产党"[①]：开天辟地、敢为人先、坚持真理、坚守理想的创造精神。其二，"唯物史观是吾党哲学的根据"[②]：实事求是、脚踏实地、马克思主义中国化的思想路线和实践精神。其三，"为有牺牲多壮志，敢教日月换新天"[③]：不怕牺牲、英勇斗争、砍头不要紧、只要主义真的献身精神。其四，"为什么要革命？为了使中华民族得到解放，为了实现人民的统治，为了使人民得到经济的幸福"[④]：践行初心、担当使命、对党忠诚、不负人民、一切为了人民幸福和民族复兴的奋斗精神。伟大建党精神是中国共产党的精神之源，体现了其最深刻的本质内涵和核心价值，而湖南建党先驱则为伟大建党精神贡献了湖南智慧、理想和力量。湖南作为中国红色文化的重要发源

---

① 蔡和森. 蔡和森文集上册[M]. 人民出版社，1980：63.
② 毛泽东. 毛泽东文集第1卷[M]. 北京：人民出版社，1993：5.
③ 毛泽东. 毛主席诗词[M]，人民文学出版社，1963：50.
④ 毛泽东. 毛泽东文集第1卷[M]. 北京：人民出版社，1993：14.

地，反映了历史的必然和文化的元气。

一部党的百年奋斗史，也是红色文化发展史，其中充满了湖南人民的担当与奉献。湖南拥有省级以上爱国主义教育基地158处，其中，全国爱国主义教育示范基地38处。湖南有百万革命牺牲者，40万人参加红军，开国将帅202人。湖南发出建党先声，拥有建军先地，开创建政先河。湘籍无产阶级革命家群体对中国革命的理论、路线、方针的形成与发展作出了独特的贡献，湖湘文化是近现代湘籍无产阶级革命家赖以成长的文化基因，湖南是中国红色文化思想的重要起源地。2024年3月，习近平总书记在湖南考察时强调："探索文化和科技融合的有效机制，加快发展新型文化业态，形成更多新的文化产业增长点。"① 近年来，湖南通过强化资源保护、合理开发，把红色文化传播出去；通过4k现代修复技术，让经典老片重现光彩，把红色故事传承下去；通过发展5G智慧电台技术并运用于融媒体，把红色文化更好地传递下去，着力推进基于资源整合的湖南红色文化产业发展。

二、现实关切

（一）调查问卷

通过调查问卷了解人们的关切，具体问卷如下：

1.您主要通过何种渠道了解红色文化（　　　）

A.学校宣传及课程　　　　　B.网络

C.红色电影、电视剧　　　　D.展板报纸等实物媒介

E.亲友口述　　　　　　　　F.红色革命基地参观学习

2.您是否系统学习过红色文化（　　　）

A.是　　　　　　　　　　　B.否

3.您认为红色文化对您的学习和生活有影响吗（　　　）

A.影响非常大　　　　　　　B.影响一般

C.影响比较小　　　　　　　D.几乎没有

4.您听过的最经典的红色歌曲是_____

---

① 申智林.湖南推进文化和科技深度融合，加快发展新型文化业态——这里的音视频产业有点潮［N］.人民日报，2025-03-23（04）.

5. 您读过的最经典的红色书籍是_____

6. 您去过的红色景点有（　　）

A. 没有　　　　　　　　　　B. 1~5 处

C. 5~10 处　　　　　　　　　D. 10 处以上

7. 您是否参加过红色文化研修相关的活动（　　）

A. 经常参加　　　　B. 偶尔参加　　　　C. 几乎没参加过

（二）回应关切

1. 红色文化传承的系统性、层递性不够

统筹推进大中小学红色文化一体化传承是一项系统工程，活动目标的一体化设计是这一工程的重要基础。目前，大中小学红色文化传承的目标缺乏系统性、层递性，存在比较突出的内容交叉和结构性重复问题，没有体现出螺旋式上升的特点，削弱了育人成效。有些在低学段被反复强调过的概念理论在高学段没有被相应地强调，导致了内容"断层"，有些低学段讲解过的红色精神到高学段表述基本一致，传承目标的递进性体现得不够明显。

2. 红色文化传承的实践性、体验性不强

目前来看，红色文化传承的重要性得到了广大人民群众的充分认同，但各学段之间的教育活动缺乏足够的交流互动，没有根据人们的认知能力展开专门的统一规划和组织。红色文化教育活动缺乏具体精准的目标定位，多停留于简单的宣传引导，没有创设足够丰富和深刻的教育场景，没有让学生在互动交流和学习中感悟红色精神的环境，容易导致学生对红色文化学习产生逆反心理，失去参与热情，一定程度上使得传承红色文化成为一种"崇高"的行动口号。

3. 红色文化传承的嵌入性、特色性不足

红色文化传承作为一种思想教育方式尚未被系统地确立为大中小学必修课程，在不同学段不同类别学校的被重视程度不一。多数学校的传承教育活动相对简单地停留在统一的思想理论宣教层面，对区域特色化内容挖掘有限，少有基地化、项目化的传承机制。学校红色教育资源总体上不够丰富多元，缺少特色内涵梳理，仅作为蜻蜓点水式的推介和倡导，对学生的教育和影响不够深刻，无法较好地持续联动学生的成长和发展。

4. 红色文化传承的协同性、联动性不佳

由于缺乏一体化教育机制，大中小学红色文化传承缺乏系统衔接，虽然各学段根据各自特点设置了部分个性化教学内容，但各学段上下衔接的统一性不够，容易形成一定的"教学壁垒"，出现教育传承的断层或割裂，其中高校的教学与研究优势、人力资源优势也尚未得到有效发挥和体现。此外，红色文化传承的资源整合力度不够，政府有关部门和红色资源机构联动意识不强，红色文化场馆依然维持陈列展览为主的传统传播方式，结合时代发展讲好红色故事的形式还不够生动，让红色文化资源活起来的途径比较欠缺，成效还不够显著。

三、作业布置

1. 什么是红色文化？
2. 红色文化和湖湘红色文化二者之间有何关系？
3. 湖湘红色文化在中国红色文化发展中的地位与价值有哪些？

第二节 实践课堂

一、实践任务目标

习近平总书记指出，革命传统教育要"既注重知识灌输，又加强情感培育，使红色基因渗进血液、浸入心扉"。① 即革命传统教育要引导学生了解红色文化、感受红色文化、认同红色文化、弘扬红色文化，在接受红色传统教育和传承红色基因中感党恩、听党话、跟党走，养成忠诚于党、不负人民的大德。

（一）素质目标：引导学生把爱党情怀深植于对伟大实践的情感认可

教师在实践教学中用好红色资源，引导学生传承红色基因。利用丰富的红色场馆、革命遗址资源，带领学生认识红色人物、了解红色事件、追寻红色记忆、感悟红色精神，开展"体验式、情景式"爱党情怀教育；积极引导学生从红色文化中汲取真理的力量、信仰的力量，自觉按照党和人

---

① 李志峰.创新红色文化教育 引领青少年健康成长［N］.光明日报，2021-04-28（08）.

民的要求锤炼自己、提高自己，把爱国情、强国志、报国行自觉融入坚持和发展中国特色社会主义事业、建设社会主义现代化强国、实现中华民族伟大复兴的青春奋斗之中。

（二）**知识目标：引导学生把爱党情怀深植于对科学理论的理性认识**

教师把红色理论讲透。马克思说："理论只要彻底，就能说服人"。[①] 因此，我们应深挖红色文化教育资源，厚实学生的红色文化知识储备，充足的知识储备是形成文化认同的基础。针对当前部分人对红色文化概念认知模糊、历史细节了解不清的问题，我们要充分利用红色文化教育资源，开展系统的红色历史文化教育，加强学生的"红色记忆"。

（三）**能力目标：引导学生把爱党情怀深植于对历史规律的政治认同**

习近平总书记指出，"要认真学习党史、国史，知史爱党，知史爱国"。[②] 成长于新时代的学生，需要在学习红色历史的过程中体认党不断发展壮大的历史逻辑。引导人们加深对传统文化、革命文化与先进文化的深层次理解，在坚定文化自信的基础上，提高理性的文化辨别、判断和选择能力。鼓励人们养成学习借鉴的优秀品质，要向历史学习，向榜样学习，学习中国共产党孜孜不倦、开放包容的学习态度和文化观念。始终保持对新的文化类型的感知力和探究热情。同时，要通过红色文化教育，使青年感悟红色文化中包含的深厚的传统文化底蕴，了解继承与创新是推进文化发展的基本方式，进一步增强人们的文化传承意识，培养人们理性的文化观，增强人们对红色文化的认同。

二、实践任务实施

（一）学"习"红色经典摘录

1. 活动内容

党的十八大以来，习近平总书记高度重视红色基因的传承，多次前往革命老区，参观英模人物、革命文物的展览，强调运用好红色资源、传承好红色基因至关重要，习近平总书记指出："用好红色资源，传承好红色

[①] 马克思.马克思恩格斯选集第 1 卷[M].人民出版社，2012:9.
[②] 习近平.论中国共产党历史[N].北京：中央文献出版社，2021：7.

基因，把红色江山世世代代传下去。"①在思政课实践教学中。红色文化研修第一项任务便是引导人们开展习近平总书记关于红色文化重要论述摘录学习。

2. 实践活动流程

（1）第一阶段：学习摘录

活动以5人为单位分成小组，开展"习近平总书记关于红色文化重要论述"学习，并对学习内容进行摘录。

（2）第二阶段：摘录分享

以小组为单位，进行学"习"红色文化重要论述分享；提交小组摘录，活动组织者将其汇编成册。

（二）红色经典书籍阅读

1. 活动内容

遴选部分红色经典书籍制作成阅读推介书目，进行推荐；借助新媒体平台制作红色经典阅读电子资料，不断丰富红色经典内容和传播方式；鼓励人们每年读一本红色经典，引导其结合个人成长经历和情感体验领悟红色文化精髓，实现通过阅读红色经典感染人、鼓舞人、教育人。

2. 实践活动流程

（1）第一阶段：遴选书目

活动负责人遴选百年百册红色经典推介书单，类别涵盖党史、新中国史、改革开放史和社会主义发展史等内容。

（2）第二阶段：广泛发动

活动期间，鼓励人们完成一本红色经典阅读。

（3）第三阶段：读后感征集、评比、展示

全体活动参与者提交读后感，遴选优秀作品在社区展示。

读后感写作要求：作品不限体裁，要求主题鲜明、条理清晰、内容向上、语言优美流畅、富有感染力，字数不少于800字（诗歌除外）。

---

① 习近平.用好红色资源，传承好红色基因，把红色江山世世代代传下去［N］求是（第10期），2021-05-16.

三、实践任务成果

实践任务成果包括：学"习"红色经典摘录汇编；百年百册红色经典推介书单；红色经典阅读读后感展示。

四、实践任务评价

构建"多元评价、双向协同"的考核体系，做到评价主体多元化、评价方式多元化，学校与基地双向协同。对参与者实践情况作全程、全面的多元化评价，实现理论与实践、过程与结果考评的可评可测。具体考评细则见表1-1：

表1-1 考评细则

考核组成（共15星）	考核流程	考核内容	获取星数	平时成绩赋分
个人自评（总分为5星）	个人填写任务卡进行自评—小组互评—实践活动组织者在评定星级—汇总	参与者参与实践活动的积极性、主动性，上交作品的质量，参与活动的表现等	15	20
			13~14	18
			12	16
			10~11	14
小组评分（总分为5星）			9	12
			7~8	10
			6	8
实践活动组织者测评（总分为5星）			4~5	6
			3	4
			1~2	2

五、作业布置

从学"习"红色经典摘录、红色经典阅读中选择其中一个开展实践研修活动。

第三节　实践教学范例

实践项目一：学"习"红色经典摘录

一、实践背景

红色文化承载着中国共产党人的初心和使命，要深刻把握红色文化的丰富内涵。党的十八大以来，习近平总书记先后到西柏坡、延安、井冈山、遵义、嘉兴、汝城沙洲村、岳麓书院、湘江战役纪念园等红色文化地点进行考察，并对党的初心使命、红色基因、红色文化等作出深刻阐述。习近平总书记指出："共和国是红色的，不能淡化这个颜色"，①"要用心用情用力保护好、管理好、运用好红色资源"，②"增强表现力、传播力、影响力，生动传播红色文化"，③第10期《求是》杂志刊发习近平总书记的重要文章《用好红色资源，传承好红色基因，把红色江山世世代代传下去》。关于用好红色资源、传承红色文化，习近平总书记有哪些重要论述？我们通过"学'习'红色经典摘录"主题活动来一起学习。

二、实践目标

红色文化是彰显中国共产党人时代觉醒和历史自觉的革命文化，是承载中国共产党人初心和使命的先进文化，更是涵养中国共产党人先进性和纯洁性的宝贵精神财富，为我们立党兴党强党提供了丰厚滋养，通过实践研修，学生从历史、理论、实践逻辑三个视角更好把握习近平总书记关于红色文化主旨要义的重要论述。

三、实践方案

---

① 习近平.看望参加全国政协十三届二次会议的文化艺术界、社会科学界委员时强调.2019-03-04.

②③ 习近平.用好红色资源、赓续红色血脉，努力创造无愧于历史和人民的新业绩[N].求是（第19期），2021-09-30.

1. 时间：×年×月×日
2. 地点：某实践教学基地
3. 主题：学"习"红色经典摘录
4. 形式：实践研修活动
5. 流程：

步骤一：确定主题。根据现实关切，明确此次研修目的和要求。

步骤二：学习摘录。发放研修手册，以5人为单位分成小组，开展"习近平总书记关于红色文化重要论述"学习，并对学习内容进行摘录。

步骤三：摘录分享。以小组为单位，开展学"习"红色文化重要论述分享；提交小组摘录。

步骤四：摘录汇编。组织者将学生提交的习近平总书记关于红色文化重要论述摘录汇编成册。

6. 实践活动安排表：

实践活动安排表见表1-2：

表1-2 学"习"红色经典摘录

活动步骤	活动内容	活动要求	指导教师
学习	学习"习近平总书记关于红色文化重要论述"并摘录在研修手册上	各小组按照关键词或时间顺序进行归类	实践导师
分享	小组分享	以小组为单位在班级进行"学'习'红色经典"分享	实践导师
	录制音频分享	提交分享音频，在社区的小区平台播放	实践导师
总结	针对主题活动开展互评、总结	小组之间互评组织者评价总结	实践导师
汇编	开展红色文化经典论述摘录汇编	汇编成册	实践导师

四、实践分组情况

根据授课班级具体情况进行分组。

五、实践教学活动考核评价方式

采用多种方法进行评价。

六、作业布置

根据实践项目完成实践任务，提交小组红色文化经典摘录。

第四节　教学延伸拓展

一、拓展阅读

湖南为什么这样红[①]

如果要用一种颜色来形容湖南，非红色莫属。

红色潇湘，胜景无边。站在橘子洲头可激扬"看万山红遍，层林尽染"的恣意豪情，漫步爱晚亭可欣赏"霜叶红于二月花"的诗意浪漫，登顶韶峰可领略"岭上开满映山红"的炽热灿烂……

但湖南的红不只是景象上的红，更是意象上的红、精神上的红。从百年党史上看湖南，这里革命先辈灿若星辰、革命大潮风起云涌、革命胜迹星罗棋布、革命意志比铁还坚……这是一片写满光荣革命历史的红色热土，这是一片饱经鲜血浸染、烈火洗礼、百炼成钢的红色热土，红色基因早已伴随奔腾不息的湘江水深深融入三湘儿女的精神血脉。

一

"半部近代史，一群湖南人。"近现代百余年间，中国内乱不绝，外患频仍，逢此多难之秋，一大批湖南人挺身而出，成就了"湘省士风，云兴雷奋""举世无出其右"的景象。

[①] 湖南省人民政府门户网站. 湖南为什么这么红 [EB/OL]. 宁心 .(2021-03-22). http://www.hunan.gov.cn/hnyw/sy/hnyw1/202103/t20210322_15034004.html.

放在百年党史上，湖南更是举足轻重、功不可没。湖南是伟人故里、将帅之乡、红色圣地，是中国共产党初心的重要萌发地和创建的重要策源地，是中国革命的重要战略转折地，是中国共产党精神的重要锻造地，是党的实事求是思想路线的策源地，也是"精准扶贫"的首倡地。百年来，湖南以其砥柱之坚、开创之功、牺牲之众、贡献之大奠定了在百年党史特别是在中国共产党革命史上的历史地位。习近平总书记每次考察湖南，都对湖南的红色资源和党史资源给予高度肯定和评价。2020年9月，总书记考察湖南，赞誉湖南"十步之内，必有芳草""寸土千滴红军血，一步一尊英雄躯"，生动诠释了湖南的这一历史地位。

论砥柱之坚，毛泽东、刘少奇、任弼时、彭德怀、贺龙、罗荣桓等为代表的一大批湘籍革命家、军事家群体从这里走上历史舞台，可谓灿若群星、辉映神州。出席党的一大13名代表中，湘籍占4名，党的七大选举产生的中央书记处"五大书记"湖南独占三元，"延安五老"有三位来自湖南，共和国1614位开国将帅中，湘籍有202人，其中湘籍元帅3名、大将6名、上将19名，抗美援朝五任司令员全部为湘籍将帅。这一组组数字标注的是一个个璀璨夺目的星阵星群，他们是革命的中坚、民族的脊梁、国家的砥柱，他们在民族危亡之际"挽狂澜于既倒，扶大厦之将倾"，在建党、建军、建政史上创造了彪炳史册的贡献。他们是湖南人的骄傲，也是国家和民族的骄傲。

论开创之功，在轰轰烈烈的革命事业中，湖南人发先声、开先路、当先驱、做先锋，在党史中写下了诸多具有里程碑意义的首创之功。这里发出"建党先声"，蔡和森第一个提出建立"中国共产党"，毛泽东组建了最早的中共省级组织，中国共产党第一位女中央委员向警予、第一位女党员缪伯英、第一位工人党员李中都是湖南人，中共安源支部是全国最早的工人党支部，岳北农工会是党领导的全国最早的工农联合组织。这里成为"建军摇篮"，秋收起义打出第一面工农革命军旗号，湘南暴动打响中国土地革命第一枪，桂东见证了我军第一条军规的诞生，水口建党是新型人民军队把支部建在连上的首次实践。这里开启"建政先河"，党的第一个县级政权就是茶陵县工农兵政府，第一个省级政权即为湖南省苏维埃政府。

论牺牲之众，在革命、建设、改革的各个历史时期，湖南人，舍身殉国，前仆后继，作出了巨大牺牲，用血肉之躯筑起了人民战争的坚固城墙，三湘大地这片热土上浸润着以鲜血和生命写就的历史荣光。据统计，1927年到1949年间，全国有名可查的革命烈士有370多万人。其中湖南牺牲的革命烈士有20多万人，有名可查的有15万多人。抗美援朝战争中志愿军牺牲197653人，其中有湖南儿女11541人。大批仁人志士舍家纾难，前赴后继，献身革命，毛泽东一家有6人为革命献出生命；何长工家族中包括妻儿在内的30多名亲属惨遭杀害；贺龙的贺氏宗亲中有名有姓的烈士达2050位。最为悲壮的是，平江一个当时人口不足50万人的县城，从1921年至1949年，全县先后有23万多人为革命牺牲，其中登记在册的烈士有21000多名；炎陵县策源乡梨树洲村，当年为了保护红军标语，全村的百姓都成了烈士。2018年，中央主流媒体集中报道了793位（组）英烈人物，湖南占八分之一。2019年，中央有关部门推出了《见证初心和使命的"十一书"》，其中5封是"湖南家书"。

论贡献之大，在百年党史上，一批又一批湖南人投身革命洪流，舍身忘我奋斗，为中国革命胜利作出了彪炳史册的贡献。党的一大召开前，湖南人参与海内外8个早期共产党组织中6个早期组织的创建，全国早期组织58名共产党员中湘籍有20位，他们为马克思主义的传播、建党学说的形成和早期党组织的建立与发展作出了重大贡献；大革命时期，湖南工农运动风起云涌，这里是全国五个罢工的重点区域之一，是全国农民运动最发达的地区，湖湘大地上如火如荼的工农运动，为革命的燎原之势锻造了一大批领导人才、打下了坚实的群众基础；土地革命时期，湖南共产党人发动了四大武装起义，开辟了五大根据地，创建了工农红军，成功开辟了中国革命的正确道路；抗日战争时期，全国正面战场22次大规模会战中有6次发生在湖南，平均每15个湖南人有1人参军参战；解放战争时期，粟裕、陈赓、罗荣桓、谭震林等湘籍将领在战场上屡建奇功，湖南人民在党的领导下，积极推动湖南实现和平解放，加速了全国解放进程。

二

纵览历史长河，湖湘大地遍布革命先辈的红色足迹，热土潇湘矗立着共产党人信仰的丰碑，三湘四水浸润着革命先烈的鲜血。

最为可贵的是这里锻造了一系列伟大的革命精神，时至今日仍是激励我们前行的动力之源；最为动人的是这里传颂着许多可歌可泣的感人故事，如今读来仍令人心潮澎湃。

87年前，在被红军鲜血染红的湘江边，"绝命后卫师"师长陈树湘在受伤被捕后，拒不投降，躺在担架上毅然"断肠明志"，践行了他"为苏维埃新中国流尽最后一滴血"的铮铮誓言，用生命诠释了中国共产党人不怕牺牲的革命精神。

同样是在87年前，在汝城沙洲村，3名借宿女红军临走时，把自己仅有的一床被子剪下一半给老人留下了，以"半条被子"彰显了中国共产党"江山就是人民，人民就是江山"的深厚情怀。

感人至深、可歌可泣的红色故事，穿越时空，震撼心灵。这是理想信念的火种，也是革命精神的承载。在湖南这片热土上，党的精神得到了锤炼和锻造，留下了中国共产党人不可磨灭的伟大精神。革命时期形成的井冈山精神、长征精神、延安精神、抗战精神、西柏坡精神等，无一不有湖南无产阶级革命家群体的参与和创造。新中国成立后形成的抗美援朝精神、改革精神、抗洪精神、抗击非典精神、抗震救灾精神、载人航天精神、劳模精神、抗疫精神、脱贫攻坚精神，也无一不有湖南人的贡献和牺牲为之作生动诠释。毛岸英、欧阳海、罗盛教、郑培民、谭千秋、高建成、张超、张辉、黄诗燕……一代又一代共产党人在湖南的伟大革命与建设实践为党的精神的形成和发展作出了重要贡献，为中国共产党人精神谱系的拓展和延伸注入了重要滋养。

特别让人敬仰的是，湖南老一辈无产阶级革命家不仅功勋卓著，而且有着崇高的精神风范，从陶铸的"如烟往事俱忘却，心底无私天地宽"到许光达的"让衔、让级、让位"；从徐特立的"革命第一，工作第一，他人第一"到谢觉哉的"为党献身常汲汲，与民谋利更孜孜"；从彭德怀的"请为人民鼓与呼！"到胡耀邦的"心在人民，利归天下"……他们服务人民的公仆情怀、淡泊名利的崇高境界、廉洁修身的道德操守、艰苦奋斗的优良作风让人无比钦佩、无限敬仰。

特别让人骄傲的是，从长沙望城走出的共产主义战士雷锋，孕育了"把有限的生命投入无限的为人民服务之中去"的雷锋精神。这位22岁的年轻战士虽是普通一兵却名重天下，以他质朴高尚的人格，成为几代中国人的精神偶像，时至今日仍是社会道德的一块高地。

特别让人记忆犹新的是，在惊心动魄的抗疫斗争中，全省党员干部舍身忘我、冲锋在前，广大医务工作者白衣为甲、逆行出征，各行各业劳动者坚守岗位、向险而行，奏响了一曲曲荡气回肠的英雄壮歌，在危急关头，再现了"遍地英雄下夕烟"的壮烈景象。在刚刚奏响凯歌的脱贫攻坚战中，全省广大党员干部以热血赴使命、以行动践诺言，扎根一线、鞠躬尽瘁，前赴后继、无怨无悔，在脱贫攻坚这个没有硝烟、但有牺牲的战场上呕心沥血、建功立业，共同书写了精准扶贫的伟大传奇，谱写了震撼人心的大地颂歌。

三

三湘四水激荡英雄壮歌，锦绣潇湘厚植红色基因。重温百年党史的湖湘记忆，常常有人会问，湖南人凭什么一次又一次立时代潮头，领风气之先，成功业之盛？湖南这片山川土地如何能孕育如此强大的革命精神，绵延而不绝，历久而弥新？

答案或许多种多样，有文化的影响，湘湖文化深厚的底蕴，造就了近代湖南人才辈出的空前盛况、孕育了近代湖南人独特的精神；有时势的使然，自鸦片战争以来风起云涌的社会变革、轰轰烈烈的革命运动，一次又一次把湖南人推上历史潮头；有理想的熔铸，一大批湖湘先进人物，以天下为己任，执着追寻真理，坚定走向革命道路，始终守望着信仰的高山。但如果真正要追寻这些问题的答案，弄清红色基因的脉络与源流，必须走向党史深处、回到历史现场，在一件件生动鲜活的史实中去体悟、去感知、去求解。

湖南为什么这样红？因为忧国忧民的爱国情怀滋养着她。"心怀天下，忧国忧民"自古以来就是流传在湖湘大地上的精神禀赋。正是怀着对国家民族前途命运的深重忧患，一大批湘籍无产阶级革命家坚定地走上了革命道路。少年毛泽东读过《盛世危言》后深有感触地说："读了这些史实，觉得祖国的将来，非常可忧，我开始认为努力救国是每个人的天职。"当13岁的任弼时看到中国遭受列强侵略时，便发出了："呜呼！我辈对之当如烈火之烧心，众镐之丛体，芒刺之负背，若能时存卧薪尝胆之念，励精图治，何患收回割让之地不能乎！"的慨叹。正是这种深入骨髓的强烈忧患,激起了他们以天下为己任的爱国精神和强烈担当。从青年毛泽东"问苍茫大地谁主沉浮"的时代之问到蔡和森"匪复有吾在,与人撑巨艰"的勇毅担当,再到向警予"呜呼,我中华之前途,我卓尔之诸君不自负之,其孰负之?"的痛心疾首,纵观他们的一生,支撑其生命火花的强大精神力量,当属蕴含在内心深处的深厚爱国情怀和救国救民的强烈抱负。

湖南为什么这样红?因为坚如磐石的理想信念支撑着她。"亦余心之所向兮,虽九死其犹未悔"。湖南人从来不缺乏理想信念,在革命战争时期更是如此。无论前路如何凶险,环境如何惨烈,他们始终坚信革命能够成功,坚信自己的奋斗有价值,甚至坚信自己的死亡将成为走向胜利的铺路石。"革命理想高于天",对于他们来说理想信仰一旦选择了,就比天高、比地厚。无论遭遇怎样的生死抉择,理想信念犹如激流中的磐石,江流石不转,至死都不渝。"砍头不要紧,只要主义真"这是夏明翰烈士的遗诗;"把骨头烧成灰,我还是共产党员!"这是邓中夏就义时说的话;"为党的事业而死,就是死得其所!"这是罗学瓒牺牲时的心灵表白;"决不脱离党!"这是毛泽民就义时的铮铮誓言……一大批湘籍革命家、军事家正是以这样坚贞、笃定的理想信念,始终坚定信仰共产主义,始终对党绝对忠诚,用热血和生命写就了矢志不移的精神奇观。

湖南为什么这样红?因为赴汤蹈火的牺牲精神锤炼着她。"为有牺牲多壮志,敢教日月换新天"。整个革命期间,湖南人以"吃得苦、霸得蛮、不怕死"的精神抛头颅、洒热血,为革命事业贡献了巨大的力量,作出了巨大的牺牲。1927年,贺龙在参与领导南昌起义时,其所率领的起义部队8000多人中有3000多人是桑植籍。起义失利后,贺龙仅带了8个人回到桑植,但不到一个月,又有数千名桑植儿女加入红军。"要吃辣子不怕辣,要当红军不怕杀……"这首当地民歌形象地展示了当年桑植儿女前赴后继、不怕牺牲的革命精神。"越杀胆越大,杀绝也不怕""雪耻需倾洞庭水,爱国岂能怕挂头""多少头颅多少血,续成民主自由诗""重负在肩何所惧,岂经事变惜头颅"……从湖南革命先烈的遗诗,我们读到一种踔厉敢死的精神,一种"尽掷头颅不足痛"的豪情。英烈们用热血写就的生命绝唱,荡气回肠、感天动地。对于他们而言,牺牲是一种无畏无悔的选择,甚至是一种生命的追求,病榻上的缪伯英就抱憾地说:"我既以身许党，应为党的事业牺牲，未能战死沙场，真是恨事！"

湖南为什么这样红？因为敢为人先的文化性格沁润着她。湖湘儿女自古就有敢为人先的优良传统，自20世纪初以来，面对支离破碎的国家和灾难深重的人民，素有开眼看世界传统的湖南人，积极探寻救国救民的真理。其中以毛泽东、蔡和森为代表的先进群体经过苦苦求索，终于找到了救亡图存出路，积极传播马克思主义理论，推动马克思主义建党实践，为党的创建作出了巨大贡献。大革命失败后，毛泽东等湘籍无产阶级革命家最早提出武装反抗国民党的主张，在攻打中心城市道路行不通的情况下及时转向农村，建立了第一块农村革命根据地，"枪杆子里出政权""农村包围城市""支部建在连上"……这些开创性的探索，使中国革命在挫折和迷茫中看到了曙光和前途，走出了一条东方大国的革命之路。在之后的革命斗争实践中，以毛泽东为代表的共产党人坚持把马克思主义普遍真理与中国具体实际相结合，提出了马克思主义中国化的科学命题，并在实现马克思主义中国化的第一次飞跃中创立了毛泽东思想。站在百年党史上看，无论是在理论上还是实践上，湘籍共产党人一直积极探索，写就了诸多具有里程碑意义的伟大创造，体现了"敢为天下先"的湖湘精髓，彰显了"开天辟地"的革命精神。

四

"共和国是红色的，不能淡化这个颜色"，习近平总书记一直高度重视红色基因的传承。

湖南红色资源丰富、红色基因厚重。对于红色潇湘这片热土，习近平总书记同样深情牵挂、深切关心。总书记每次考察湖南都对湖南用好红色资源、传承红色基因作出重要指示要求。2020年9月，总书记再次踏上湖南这片红色热土，远行5000里来到汝城县沙洲瑶族村，重温"半条被子"的故事，深情地说，"作为一名共产党员，我要不断接受教育、接受洗礼，履行好自己的职责，同14亿中国人民在一起、同9000多万党员在一起，把我们国家建设得更好，让我们老百姓的生活更加开心、更加幸福！"考察期间，总书记多次表达对湘籍老一辈革命家的怀念和敬仰之情，并对湖南红色故事如数家珍，嘱托我们用好红色资源，讲好红色故事，搞好红色教育，让红色基因代代相传。总书记考察湖南关于发扬革命传统、传承红色基因的重要讲话精神，作为重要篇章收录在习近平总书记《论中国共产党历史》之中。

湖南是毛主席家乡，是老一辈无产阶级革命家最为集中的省份，开展党史学习教育具有得天独厚的红色资源和党史资源，肩负着在党史学习教育中走在前头、作出表率的重要责任。湖南各级党组织要提高政治站位、扛牢政治责任，自觉地把党史学习教育开展好，做到见人见事，见思想，见精神，见行动，让"湖南红"在新时代更加熠熠生辉。

在党史学习教育中，我们要把湖南百年沧桑巨变放到党的百年奋斗史中去深入理解和全面把握。读懂湖南这段血与火的历史，就会更加深刻体会到什么是革命理想高于天，更加深切懂得红色政权来之不易、新中国来之不易、中国特色社会主义来之不易，从而更好把握湖南在各个历史时期所担当的作用、所做出的贡献，更好把握当前湖南所处历史方位、所负历史责任，进一步增强历史主动和历史自觉。

在党史学习教育中，我们要把湖南老一辈革命家的崇高风范和光荣传统发扬开来，把他们开创并为之奋斗的事业接力下去。要以老一辈革命家为标杆和榜样，学习和发扬他们的崇高品德和精神风范，赓续共产党人的精神血脉，保持革命到底的精气神，勇当奋进新征程、建功新时代的实践者、奋进者、搏击者，努力在危机中育先机、于变局中开新局，切实走好新时代的长征路。

在党史学习教育中，我们要把实施"三高四新"战略、建设现代化新湖南的磅礴力量凝聚起来、时代重任担负起来。如同战争年代攻克和占领高地一样，今天建设和打造高地，同样需要那么一种精神和勇气，那么一种闯劲和拼劲。瞄准"三个高地"，我们要从党的光辉历史中，从老一辈革命家的事迹中，汲取"为有牺牲多壮志，敢教日月换新天"的雄心壮志，汲取"不管风吹浪打，胜似闲庭信步"的战略自信，汲取"一万年太久，只争朝夕"的历史主动，汲取"可上九天揽月，可下五洋捉鳖"的探索意识，汲取"神女应无恙，当惊世界殊"的创新勇气，汲取"喜看稻菽千重浪，遍地英雄下夕烟"的实干品质，汲取"到中流击水，浪遏飞舟"的拼搏精神。唯有把这样的精神力量激发出来、弘扬起来，方能让建设现代化新湖南的美好愿景照进现实。

百年恰是风华正茂,回望是为了更好地出发。回首中国共产党矢志践行初心使命、筚路蓝缕奠基立业、创造辉煌开辟未来的百年历程,湖南人以忠诚担当的博大襟怀、实事求是的务实作风、舍生忘死的革命精神、敢为人先的豪情壮志,在百年党史中作出了不可替代、无可撼动的历史贡献,留下了载入史册、永不磨灭的光辉印记。站在两个百年的历史交汇点,让我们学史明理、学史增信、学史崇德、学史力行,学党史、悟思想、办实事、开新局,在实施"三高四新"战略、建设现代化新湖南的新征程中,奋力谱写新的历史篇章!

湖南为什么这样红,英雄的鲜血染红了她;湖南为什么这样红,伟大的愿景激励着她;湖南为什么这样红,旭日的光辉照耀着她!

二、作业布置

阅读一本你感兴趣的红色经典书籍,撰写1000字左右的读后感。

专题二

研湖湘红色文化精神

第一节 实践导学

一、理论要点

"一部中国近代史，半部由湖南人写就"，这句话生动地概括了湖南人在近代中国发展历程中所起到的重要作用。湖南素有"革命摇篮""伟人故里"的美誉。1840 年鸦片战争以后，中国逐步成为半殖民地半封建社会，国家蒙辱、人民蒙难、文明蒙尘，中华民族遭受了前所未有的劫难。面对民族危亡、人民疾苦，湖南共产党人挺身而出，团结和带领湖南人民为实现中华民族独立、人民解放作出了突出贡献。习近平总书记在考察湖南时指出："湖南是一方红色热土，大批共产党人在这片热土谱写了感天动地的英雄壮歌。"[1] 可以说，湖南是中国革命的主要策源地之一，也是一片拥有悠久革命历史的红色热土，在长期的革命、建设实践中，形成了地域鲜明、底蕴深厚、内涵丰富的湖湘红色文化。

（一）湖湘红色文化的内涵

在中国近代历史中，湖湘人民在伟大的中国共产党的领导和指挥下，依托三湘红色热土，通过轰轰烈烈的湖湘革命斗争和建设实践，积极响应全国各族人民群众的革命解放和建设运动，创造了具有地域性特色的湖湘红色文化。

---

[1] 习近平.论中国共产党历史［M］.北京：中央文献出版社，2021：285.

湖湘红色文化是湖湘人民在以毛泽东、刘少奇、彭德怀、朱镕基等湘籍无产阶级革命家为代表的中国共产党的领导下，在新民主主义革命、社会主义革命和建设、改革开放和社会主义现代化建设新时期及中国特色社会主义新时代，为了追求民族独立、国家富强、人民幸福而创造出来的集物质、精神于一体的优质红色先进文化资源。

可以从时间和空间两个维度来把握湖湘红色文化的内涵。从时间上来看，湖湘红色文化是一种特定的历史文化，发端于中国共产党成立前后，成熟于新民主主义革命时期，丰富于社会主义革命和建设时期，发展于改革开放和社会主义现代化建设新时期，延续于中国特色社会主义新时代。从空间上来看，湖湘红色文化是一种区域性红色文化，一方山水养一方人，一种地域文化造就一方人士的秉性。湖湘红色文化的形成和发展，深受湖南地域文化的影响，是形成于湖南地区的红色文化。

（二）湖湘红色文化的具体表现形态

从广义来说，文化是指人类在改造自然和改造社会的过程中所创造的物质财富和精神财富的总和，所以湖湘红色文化包含物质形态的湖湘红色文化和精神形态的湖湘红色文化两大方面。

1. 物质形态的湖湘红色文化

物质形态的湖湘红色文化主要指在革命、建设实践过程中，湖湘优秀共产党员的故居、重大会议或者活动原址、湖湘优秀共产党人生前用过的实物、撰写或批阅过的手稿书信图书等资料、为了纪念湖湘优秀人物而修建的纪念馆等。如韶山毛泽东同志故居、韶山毛泽东纪念馆、刘少奇故居、刘少奇同志纪念馆、彭德怀故居、彭德怀纪念馆、通道转兵纪念馆、"半条被子的温暖"专题陈列馆、茶陵县工农兵政府旧址和炎陵县红军标语博物馆等。

2. 精神形态的湖湘红色文化

精神形态的湖湘红色文化作为重要的历史财富，是活态的历史文化资源，主要指在革命、建设中形成的湖湘红色精神、革命道德传统、优秀制度文化、优秀文艺作品、红色家书、红色歌曲等。如以毛泽东为代表的老一辈革命家身上所体现的"对党忠诚，不怕牺牲，不负人民"的革命精神；陈树湘烈士"断肠明志"的绝对忠诚精神；"半条被子"所展现的军民鱼水情深；以"三大纪律，八项注意"革命纪律为代表的优秀制度文化；以《东方红》《恰同学少年》等为代表的优秀文艺作品；等等。

（三）湖湘红色文化的理论基础

湖湘红色文化是我国红色文化的典型代表之一，是具有鲜明特征的地域性红色文化，它的形成有着独特的条件，是历史与现实的统一，是理论与实践的结合。理论层面上，它继承了马克思主义文化理论和中国共产党革命文化思想；实践层面上，立足于湖湘地区的新民主主义革命实践，充分吸收湖湘地区老一辈无产阶级在长期革命斗争中形成的大无畏的革命精神品质。

1. 马克思主义文化理论是其理论先导

中国共产党自成立以来，在党内外意识形态建设上，就坚持用马克思主义文化思想作指导，根据中国的具体实际，创造出了为时代和人民所接受的红色革命文化理论成果。马克思主义关于文化发展的基本观点，主要体现在以下两个方面。一方面是关于文化的产生，马克思主义认为劳动实践创造了人类文化，而文化创造的关键性主体是人民群众，不是某一个英雄人物；另一方面，马克思主义文化理论是在辩证唯物主义和历史唯物主义基本原理的基础上创建和发展起来的，始终不移地以辩证唯物主义的立场、观点和方法来认识、对待文化的产生、发展和形成，揭示文化产生、发展和形成的规律，所以说马克思主义文化理论是具有科学性和先进性的文化理论体系。马克思主义文化理论的内在逻辑也必须首先回答马克思主义哲学的基本问题，把眼光放在社会历史领域去探寻文化生产发展的本质，从中我们探索出劳动促进了人类的发展，人类在基本的物质生产过程中创造了文化，也就是物质决定意识，此处的意识在一定层面上等同于文化。湖湘红色文化从产生到发展无不继承了马克思主义文化理论，看到了人民群众在文化创建中的重要作用，着重肯定了人民群众在文化发展中的推动作用，这也是湖湘红色文化为人民所接受的根本原因，从而促进了湖湘红色文化的传承和创新。另一方面是关于文化的发展，要正确看待文化发展的民族性和国际性。民族性首先要求认同本民族的文化，语言、文字、习俗和历史是其具体的社会化表现，认同本民族文化是现代意义上国家的重要基础，一个民族、一个国家，如果不认同本民族的文化基础，实质上就是在否定自己国家的存在，是分裂国家的表现；国际性是文化发展过程中的新趋势,强调文化发展突破一国或者几国的疆域上的界限。把民族性和国际性相结合,是马克思在文化思想领域的一大突破。马克思主义文化理论不是强调封闭僵化的小圈子,而是主张推动文化的国际性发展,即强调国际无产阶级联合起来,一起反对共同的敌人。马克思深刻分析了民族性和国际性的内在联系,文化的民族性离开国际性,就容易形成狭隘民族主义思想;文化的国际性离开民族性,就可能产生民族虚无主义思想。

2. 中国共产党革命文化是其理论根基

中国共产党革命文化是党领导中国人民在革命、建设与改革历程中创造的宝贵精神财富,是马克思主义基本原理同中国具体实际相结合的文化结晶,对湘红色文化的形成与发展起到根本性的价值引领与实践指导作用。中国共产党革命文化可分为广义与狭义两个层面,广义层面涵盖自建党以来形成的所有革命文化成果;狭义层面特指新民主主义革命时期形成的文化形态。本文聚焦狭义层面,重点探讨中国共产党革命文化与湖湘红色文化的内在关联。

毛泽东同志是系统阐述中国共产党革命文化理论的奠基者。他在《新民主主义论》中明确指出:"在新民主主义革命时期,'革命文化'指的就是新民主主义文化。"① 其以马克思主义为指导,立足中国革命实践,是中国共产党领导人民在反帝反封建斗争中孕育的先进文化形态。湖湘红色文化萌芽于新民主主义革命时期,依托湖南地域文化传统与革命实践,经历史沉淀形成具有鲜明地域特色的红色文化体系。

中国共产党革命文化与湖湘红色文化构成源流关系:中国共产党革命文化是湖湘红色文化的理论根基与思想源泉,湖湘红色文化是中国共产党革命文化在地域实践中的具体呈现与深化发展。

首先,中国共产党革命文化指导湖湘红色文化坚持反帝反封建的爱国主义思想。中国的近代史是一部屈辱史和血泪史,中国面临着严重的内忧外患——外无国家独立之名,内无自由民主之实,国内的众多阶级力量都在积极地寻找各种各样的救国救民的途径,孙中山组织领导的资产阶级革命所取得的成果最终被袁世凯窃取了,没有带领中国人民完成革命任务,

---

① 毛泽东.毛泽东选集(第二卷)[M].北京:人民出版社,1991,7-9.

而以毛泽东为首的中国共产党人在马克思主义的指导和引领下，坚持走我们中国自己的道路，开展如火如荼的国内革命运动，始终秉承着共产主义伟大信仰，高举反帝反封建的爱国主义伟大旗帜，得到了国内外爱国人士的积极响应和强力支持，实现了中国人民的大团结，通过坚持不懈的革命斗争，完成了新民主主义革命的使命和任务，彰显了中国共产党伟大的爱国主义情怀，而这种情怀深深地体现在湖湘红色文化的内涵之中。

其次，中国共产党革命文化指导湖湘红色文化继续坚持实事求是、经世致用传统。以毛泽东为代表的中国共产党人力排众议、据理力争，坚决要求中国革命结合国内革命形势的具体实际，秉承湖湘文化中经世致用的传统，结合革命发展的实际情况，不断进行革命探索，成功带领中国人民走上了一条正确的革命道路，促成了中国革命事业的成功，使中华民族摆脱了灭亡的威胁，为新时代的腾飞奠定了重要基础。

最后，中国共产党革命文化指导湖湘红色文化吸收共产主义远大理想。中国共产党之所以能够不断地发展壮大并且具有强大的凝聚力和号召力，是因为其成立之初就确立了为实现共产主义而不懈奋斗的行动纲领，每一个中国共产党人为了这个理想不惜牺牲生命，中国共产党革命文化将这一点描绘得淋漓尽致。中国共产党革命文化包含了共产主义理想信念，是集革命理想、革命信念、革命情怀和革命风范于一体的文化形态，涵盖了斗争精神、奋斗精神、牺牲精神和奉献精神等神圣革命色彩，引领了湖湘红色文化发展的具体方向，丰富了湖湘红色文化的重要内容。

3. 湖湘红色人物精神是其精神源泉

湖湘红色人物精神是湖湘红色文化体系的核心构成要素与精神动力源泉，丰富了湖湘红色文化理论。湖南作为中国新民主主义革命的主要策源地与实践地，在革命进程中涌现出毛泽东、刘少奇、彭德怀、蔡和森等杰出革命家群体。他们深植于湖湘文化传统，在长期革命斗争中锤炼出坚定信仰、斗争意志与崇高品格。这些精神特质不仅融汇为湖湘红色文化的核心内核，更通过革命实践升华为其理论基干，成为湖湘红色文化生成与发展的重要精神根基。湖湘红色人物精神体现在两个方面。一方面是伟大的爱国主义精神。爱国主义精神是湖湘红色人物精神品质中最基本的精神之一，在内无民主、外无独立的年代里，湖湘红色人物秉持着强烈的爱国情感和伟大的爱国情怀、坚定革命信仰，坚持革命道路，对内反对政治压迫，对外反抗外国列强的侵略，坚持通过革命斗争打破束缚祖国和人民的巨大枷锁，他们强烈的爱国情感在经过时代的检验后上升为爱国精神，并最终汇入湖湘红色文化的洪流之中。另一方面是舍生取义的无畏精神。革命意味着流血和牺牲，意味着生与死的抉择。湖湘红色革命人物发扬敢为人先的革命首创精神、坚持不屈不挠的革命斗争精神，他们舍小家、为大家，拯救国家于危难，救人民出水火，抛头颅，洒热血，鞠躬尽瘁。革命的道路上他们始终秉持舍生取义的无畏精神，历史和人民将永远铭记他们的精神品质。

（四）湖湘红色文化的精神内核

湖湘红色文化以湖湘地区丰富的物质红色资源为载体，以精神形态的湖湘红色文化为内核，随着中国共产党的发展而不断发展，其历史地位和时代价值逐渐被人们认可和接受。作为地区性红色文化，湖湘红色文化既不同于以井冈山为代表的江西红色文化，也不同于以延安为代表的陕西红色文化，具有鲜明的地域特色。

1. 爱国忧民的家国情怀

"先天下之忧而忧，后天下之乐而乐"，忧国忧民一直是湖湘文化的重要内涵。近代以来，以毛泽东、刘少奇、彭德怀等为代表的湘籍共产党员，积极投身于救亡图存的爱国洪流中，在继承湖湘文化中心忧天下的爱国情怀基础上，结合时代进行了创新性发展。

五四运动前后，他们成立新民学会，以改造中国与世界为宗旨，研究俄国革命的经验，寻求改造中国的道路和方法；他们创办《湘江评论》，宣传爱国思想，揭示帝国主义和封建军阀的黑暗统治，号召民众联合起来进行反抗。大革命、土地革命、抗日战争和解放战争期间，湘籍红色革命者们的革命行动无不体现着他们爱国忧民的情怀。在整个新民主主义革命过程中，湖南人民抛头颅，洒热血，为革命事业作出了杰出的贡献，付出了巨大的牺牲，上百万人民群众惨遭敌人杀害，数十万革命志士流血牺牲，有名有姓的被政府追认为烈士的就有十五万人之多，湖湘儿女用实际行动诠释了心忧天下的爱国主义精神。

2. 敢为人先的革新精神

"吾道南来，原是濂溪一脉；大江东去，无非湘水余波"。这副悬挂于岳麓书院的对联表现了湖湘文化中"胸怀天下""敢为天下人之先"的崇高责任担当。敢为人先，表现的是敢于打破常规、不迷信、不信邪的大无畏精神和积极进取的拼搏精神。在近代中国历史上，湖南人在很多重要历史时期起到了"开风气之先"的作用。

十月革命一声炮响，给中国送来了马克思主义。毛泽东、何叔衡成为最早的马克思主义者之一，他们也是中共一大十三位代表中的重要成员。大革命时期，面对党内对农民运动的诸多指责，他们斥之农民运动"糟得很"，毛泽东深入调研后，鲜明指出农民运动"好得很"，是中国革命的必然出路。土地革命时期，当党内多数人主张效仿苏联推行"城市中心论"时，毛泽东等人认识到此路在中国行不通，以井冈山为革命根据地，逐渐开创了"农村包围城市"这一中国特色革命道路。抗日战争时期，毛泽东积极倡导建立抗日民族统一战线，撰写《论持久战》，有力驳斥了"亡国论"和"速胜论"，科学预见抗日战争将经历战略防御、战略相持、战略反攻三阶段，坚定了全民抗战信心。解放战争时期，面对敌强我弱局面，毛泽东发动人民战争使国民党陷入汪洋大海。中共七大首次确立了毛泽东思想的指导地位。新中国成立，以毛泽东为代表的湘籍共产党人参与制定建国纲领，提出"以苏为鉴"走符合中国国情的工业化道路。

在湖湘文化强调图变求新的变革精神影响下，以毛泽东为代表的湘籍共产党员坚持以马克思主义为指导，立足于革命实践，将湖湘文化中的变革精神发展成为敢为人先的革新精神，进一步丰富了湖湘红色文化的科学内涵，活化了湖湘红色文化的历史和时代的要义，为开辟符合中国实际的革命和建设道路奠定了思想文化基础。

3. 经世致用的价值取向

"经世者，经邦济世也；致用者，尽其所用也。"经世致用就是指做学问不能躲进小楼成一统，而要关注社会现实，直面社会矛盾，用自身所学去解决社会问题，以求达到"治国平天下"的实效。经世致用思想带有鲜明的实践导向，对后人影响很大，湖湘红色文化吸收了这一重要思想，并对近代中国产生了非常重要的影响。

毛泽东等一大批湖湘籍无产阶级革命家深受湖湘文化中经世致用思想的影响。毛泽东历来反对读死书、死读书，强调既要读有字之书，又换读无字之书。1913年他在《讲堂录》写道："闭门求学，其学无用。欲从天下国家万事万物而学之，则汗漫九垓，遍游四宇尚已。"在湖南省立第一师范学校读书期间，毛泽东与萧子升利用暑假游学，用脚步丈量三湘大地；和蔡和森等一起成立新民学会，反对夸夸其谈，致力于解决社会实际问题，倡导经世致用思想。正是在经世致用思想的指导下，毛泽东率先提出了"农村包围城市"的革命道路理论，找到了反帝反封建的正确革命道路。1941年5月毛泽东亲自组织并领导了整风运动，进一步在全党确立了实事求是思想路线。毛泽东指出："没有调查，就没有发言权。"[①] 更加强调了我们应该深入实际，坚持实事求是的原则，坚决反对不切实际地瞎说。毛泽东思想"活的灵魂"就是经世致用思想与革命实践碰撞出的火花，并最终成为湖湘红色文化的突出优势。

4. 兼容并包的开放品格

"海纳百川，有容乃大"，湖南三面环山，一面临水，但在湖南本土上产生的湖湘文化特别注重与不同地域文化、不同民族文化、不同学派之间的交融，博采众长，兼收并蓄，使得区域性的湖湘文化表现出了极强的开放性和包容性。

这种兼收并蓄的精神在近代湖南共产党人及知识分子身上表现得尤为明显。以毛泽东为代表的湖南共产党人，在学习马克思主义并用马克思主义指导中国革命和建设的进程中，及时汲取历史经验，总结失败教训，创新性地将马克思主义这一外来思想和中国具体实际相结合和中华优秀传统文化相结合，并且用中国人民喜闻乐见的形式来宣传马克思主义，将马克思理论的精髓表达出来，赋予其民族特色，如"实事求是""矛盾""实践"等。他们将中国古代军事思想与中国革命战争的实际相结合，形成指导中国革命的军事理论；他们将马克思主义认识论与中国古代的民本思想结合起来，提出"从群众中来、到群众中去"的群众路线和相信群众、尊重群众、依靠群众、群众自己解放自己的群众观点等。他们创造性地继承和发展了马克思主义，实现了"马克思主义的中国化"，形成了中国共产党自己的思想理论体系——毛泽东思想，从而指导中国革命取得了胜利。

---

① 毛泽东. 毛泽东选集（第二卷）[M]. 北京：人民出版社，1991：709

二、现实关切

湖湘红色文化是湖湘人民宝贵的精神财富，是中国革命、建设、改革光辉历史的见证，承载了老一辈湘籍无产阶级革命家和中国共产党人的崇高理想，凝聚了广大湖湘仁人志士的高尚道德情操，包含了体现社会主义、共产主义价值目标的精神形态。

首先通过调查问卷了解大家对于湖湘红色文化的了解程度和关注程度。以提高实践活动的针对性和有效性。

（一）调查问卷

1. 您了解湖湘红色文化（　　）

A. 非常了解　　　　　　　B. 比较了解

C. 一般　　　　　　　　　D. 不太了解

E. 非常不了解

2. 您认为湖南省对红色文化重视和宣传力度如何（　　）

A. 非常重视，宣传力度也非常大

B. 比较重视，经常看到各种红色文化宣传片

C. 重视程度一般，偶尔看到有关红色文化的宣传

D. 不太重视，很少看到红色文化的相关宣传

E. 不太了解

3. 您是否愿意宣传湖湘红色文化（　　）

A. 非常愿意　　　　　　　B. 比较愿意

C. 一般　　　　　　　　　D. 不太愿意

E. 不知道

4. 您认为是否有必要学习湖湘红色文化（　　）

A. 非常有必要　　　　　　B. 比较有必要

C. 一般　　　　　　　　　D. 没有什么必要

E. 不知道

5. 您参加过湖湘红色文化相关主题实践活动的次数（　　）

A. 10次以上　　　　　　　B. 6~9次

C. 3~5次　　　　　　　　D. 3次以下

E. 没有参加过

6. 你认为湖湘红色文化的精神特质有哪些（　　）（多选）

A. 心忧天下　　　　　　　B. 经世致用

C. 敢为人先　　　　　　　D. 开放包容

E. 开拓创新

7. 您认为学习湖湘红色文化对大家的影响体现在哪些方面（　　）（多选）

A. 可以帮助大家坚定理想信念

B. 可以帮助大家认清自身使命

C. 可以帮助大家提高自身素质

D. 可以帮助大家提升爱国情怀

E. 可以帮助大家丰富知识储备

8. 你认为可以通过哪些途径来提高湖湘红色文化的影响力（　　）（多选）

A. 利用网络短视频等力量宣传

B. 开展湖湘红色文化进基层、进校园活动

C. 开展湖湘红色文化主题教育实践活动

D. 加大湖湘红色文化理论研究

E. 加大对湖湘红色文化资源的保护和开发力度

（二）回应关切

湖湘红色文化激励了一代代湖湘儿女在革命、建设、改革中砥砺奋斗，为湖南的发展和国家的进步贡献自己的青春力量，大家学习了解湖湘红色文化，可以汲取湖湘红色文化的精神内核，从而坚定理想信念，在新征程上砥砺奋斗。

1. 学习了解湖湘红色文化的必要性

（1）落实立德树人根本任务的需要

所谓"立德"，即要帮助大家建立优秀的品德，将湖湘红色文化融入思政教育，能为大家树立正确的三观提供精神养分与力量，切实提高大家的思想觉悟、文明素养，促进大家形成良好的个人品德、社会公德、职业道德，增强责任意识、奉献意识，成为拥有良好道德品质和崇高追求的

人，担当起历史赋予的重大责任和神圣使命。"树人"即把大家培养成高素质技术技能人才，将湖湘红色文化融入思政教育，能助力提升爱国主义情怀，坚定理想信念，提升创新创造能力，等等，成为实现中华民族伟大复兴的中坚力量。

（2）培育和践行培养社会主义核心价值观的需要

作为中华人民共和国公民，践行社会主义核心价值观是每个人的责任与义务。湖湘红色文化中内含的爱国、求实、创新、担当、包容等精神内核，与社会主义核心价值观所倡导的个人层面具有内容上的契合性、价值追求上的一致性。湖湘红色文化能为社会主义核心价值观提供鲜活的文化养料、深厚的群众基础和丰富的实践内容，是核心价值教育的宝贵资源。培育和践行社会主义核心价值观，要充分利用湖湘红色文化中蕴含的丰富思想资源、挖掘和阐释湖湘红色文化的时代价值，充分发挥湖湘红色文化的育人价值、育人功能，助力大家积极弘扬和践行社会主义核心价值观。

（3）传承红色基因的需要

习近平总书记在锦州考察时强调，"红色江山来之不易，守好江山责任重大。"[①] 要讲好党的故事、革命的故事、英雄的故事，把红色基因传承下去，确保红色江山后继有人、代代相传。"红色基因"是我们党在百年奋斗中形成的革命传统和历史积淀，是我们党取之不尽、用之不竭的力量源泉。有必要自觉传承红色基因，而湖湘红色文化满载红色基因，是红色基因传播传承的重要载体，能引导人们树立远大的人生理想，树立积极的生活态度，让红色血液流淌在心中，融于血脉。推动大家在传承红色基因中筑梦、圆梦，把个人梦想主动融入中华民族伟大复兴的中国梦中。

2. 湖湘红色文化对把握人生方向的导向作用

湖湘红色文化是湖湘大地宝贵的精神财富，历经岁月的洗礼而愈发光彩夺目，它承载着湖湘革命先烈们的英雄事迹、豪迈气概、高贵品质，彰显着时代价值，湖湘红色文化具有先进性、革命性、群众性等特点，可以为提供价值导向、情感导引、实践导行，引导人们朝着正确的道路坚定地走下去。

---

① 习近平. 在新时代东北振兴上展现更大担当和作为 奋力开创辽宁振兴发展新局面. 新华社.2022-08-18.

（1）价值导向：湖湘红色文化有助于人们坚定爱国主义情怀

爱国忧民的家国情怀是湖湘红色文化的精神内核之一，从价值属性上来看，"湖湘红色文化与爱国主义同属于中华优秀传统文化，都是先进文化的重要组成部分，两者具有价值共通性和情感共融性"①。在新民主主义革命中，湘籍无产阶级革命家不怕牺牲，视死如归，为实现国家独立、民族解放、人民幸福前赴后继，他们中不乏家境殷实者，有的正值青春年华，却为了可爱的中国义无反顾抛头颅，洒热血。他们在面对个人儿女情长和国家民族大义时，毅然选择了后者，舍"小我"成"大我"。学习了解湖湘红色文化，有助于进一步了解中国共产党筚路蓝缕的奋斗历程和中国革命波澜壮阔的历史进程；有助于深刻感悟到当前的美好生活，是以无数仁人志士、革命先辈接力奋斗，付出生命和鲜血的代价换来的；有助于增强民族自信心、自豪感，从而矢志不渝为实现国家富强、民族振兴、人民幸福的中国梦而不懈奋斗。湖湘红色文化中蕴含的爱国忧民的家国情怀能够为人们确定价值导向。

（2）情感导引：湖湘红色文化有助于树立崇高理想信念

习近平总书记曾指出："理想信念就是共产党人精神上的'钙'，没有理想信念，理想信念不坚定，精神上就会'缺钙'，就会得'软骨病'。"②理想信念是人的精神支柱，是引领广大学子坚定信心、持续前进的精神动力，同时也是价值观、道德观等形成的基础。湖湘红色文化本身就是一本生动的理想信念教材，无论是毛泽东的"为有牺牲多壮志，敢教日月换新天"，还是刘少奇的"共产主义事业是我们的终身事业"；无论是彭德怀的"横刀立马"投身革命洪流，为信仰毕生追求真理，还是贺龙的"我完全听共产党的话！要我怎样干就怎样干"；无论是蔡和森的"忠诚印寸心，浩然充两间"，还是夏明翰的"砍头不要紧，只要主义真"……从中我们都能看到湖湘共产党人身上为共产主义奋斗终身的坚定理想信念。学习湖湘红色文化，坚定中国共产党的领导，有利于树立积极正确的人生观和价值观；坚持中国特色社会主义共同理想和共产主义远大理想，有利于牢记民族复兴的使命感和责任感。

（3）实践导行：湖湘红色文化有助于践行使命担当意识

---

① 蓝贤发，用红色文化厚植大学生爱国主义情怀，人民论坛 2021，150．
② 习近平谈治国理政（第一卷）[M]．北京：外文出版社，2018：15．

湖湘红色文化见证了"没有共产党就没有新中国""只有社会主义才能救中国"的历史，揭示了湘籍共产党人在中国特色社会主义的改革实践中进行艰辛探索的过程。在湖湘红色文化精神的激励下，无数共产党用自己的鲜血涤荡出了一方天朗气清的太平人间；用自己的生命换来了一个人民当家作主的新中国；用自己的不畏艰难、不惧生死的奋斗奠基了中华民族伟大复兴的历史起点。学习湖湘红色文化，可以加深对湖湘红色文化的认知，在认知的基础上建立对湖湘红色文化的情感认同，最后将情感认同内化于心、外化于行，积极践行，在各种艰苦的环境中不断战胜困难，赢得胜利；有助于汲取爱国忧民、经世致用、兼容并包、敢为人先的精神养分，坚定爱党、爱国情怀；有助于强化使命担当意识，无私奉献、改革创新，为实现中国梦不懈奋斗，最终将湖湘红色文化的精神内核转化为价值观念、价值追求和行为示范。

三、作业布置

什么是湖湘红色文化，湖湘红色文化的精神内核有哪些？

第二节　实践课堂

2019年中共中央、国务院印发的《新时代爱国主义教育实施纲要》强调要"强化爱国主义教育和红色教育功能"，习近平总书记也多次强调要"让红色基因代代相传"。要深刻理解湖湘红色文化精神，仅仅通过课堂上的理论学习是不够的，可以充分利用湖南本土丰富的红色文化资源，通过开展形式多样的实践教学，如阅读湖湘红色书籍、探访湖湘革命人物、访谈湖湘革命人物后代、参观湖湘革命人物故居纪念馆、学唱湖湘红色歌曲、宣讲湖湘红色故事等，从而深刻理解湖湘红色文化精神，自觉传承红色基因，做湖湘红色文化的传播者和践行者。

一、实践任务目标

（一）素质目标

通过湖湘红色文化的生动实践教学，厚植爱国主义情怀，坚定中国特色社会主义共同理想和共产主义远大理想，坚持中国共产党的领导，在湖湘红色精神激励下，积极投身中华民族伟大复兴的生动实践中。

（二）知识目标

通过理论阐释和实践教学，了解湖湘红色文化的内涵和具体的表现形态，掌握湖湘红色文化的精神特质，理解学习湖湘红色文化的必要性，湖湘红色文化对把握人生方向的导向作用，认识到红色江山来之不易。

（三）能力目标

能正确认识到湖湘红色文化的当代价值；能自觉学习和宣传湖湘红色文化；能自觉同诋毁湖湘革命英雄人物的言论和行为等错误的历史思潮作斗争，具备正确的历史观。

二、实践任务实施

（一）寻访湖湘红色足迹

1. 活动目的

习近平总书记多次强调"要用好红色资源，传承好红色基因，把红色江山世世代代传下去"。① 湖南素有"革命摇篮，伟人故里"之称，红色资源非常丰富，可通过开展"寻访湖湘红色足迹"主题实践活动，引导大家领悟湖湘红色文化的内涵和精神特质，内化于心、外化于行，自觉传承湖湘红色文化精神。

2. 活动内容

利用空余时间，寻访自己家乡的湖湘红色文化场馆，如伟人故居、纪念馆、重大历史事件遗址、重大历史事件纪念馆、博物馆、党史馆、烈士纪念园等。结合所看所思，撰写图文并茂的宣传内容或者拍摄短视频。

3. 活动主题

活动主题为"寻访湖湘红色足迹 重温湖湘红色记忆"。

4. 活动流程

第一阶段：积极动员，下发实践方案及要求，按照地域原则组成小组。

---

① 习近平.用好红色资源，传承好红色基因，把红色江山世世代代传下去［N］求是（第10期），2021-05-16.

第二阶段：实地参观，以小组为单位，利用周末、寒暑假等空余时间到家乡的红色场馆、纪念馆等参观。

第三阶段：活动总结，参观结束后以小组为单位，及时撰写心得或制作视频。

第四阶段：成果展示，通过微信公众号、抖音等平台展示并宣传自己或小组的实践成果。

（二）宣讲湖湘英雄人物

1. 活动目的

在中国革命、建设、改革的历史大潮中，湖南产生了以毛泽东、刘少奇、彭德怀等为代表的无数英雄人物，"宣讲湖湘革命人物"主题实践活动，通过深入挖掘湖湘优秀英雄人物身上的故事，进一步感受英雄人物身上坚如磐石的信仰、对党无比忠诚的党性、深厚的爱国情怀等，进一步激发爱国情怀，坚定理想信念，自觉传承湖湘红色精神。

2. 活动内容

在导师指导下撰写宣讲稿，以优秀的宣讲稿为底本拍摄短视频，在学校、社区、纪念馆等场所宣讲湖湘英雄人物。

3. 活动流程

第一阶段：撰写宣讲稿，结合自己家乡或者自己较熟悉的英雄人物及其先进事迹，撰写2000字左右的宣讲稿。

第二阶段：拍摄视频，到革命故居、纪念馆等地，将优秀的宣讲稿拍摄成视频，并在相关平台上进行展示。

第三阶段：集中宣讲，到社区、革命故居、纪念馆等地开展"我心中的湖湘英雄人物"宣讲活动。

三、实践任务成果

实践任务成果：寻访湖湘红色足迹心得汇编；我心中的湖湘英雄人物宣讲稿汇编；寻访湖湘红色足迹优秀系列短视频；我心中的湖湘英雄人物宣讲视频等等。

四、作业布置

从"寻访湖湘红色足迹""宣讲湖湘英雄人物"中选择其中一个开展实践。

第三节　实践教学范例

实践项目一：探访岳麓书院——实事求是思想路线策源地

一、实践背景

岳麓书院被誉为千年学府，传承、记载、提升、变革着湖湘文化；是近代湖湘伟人的摇篮，培养了王夫之、陶澍、魏源、曾国藩、左宗棠等大批经世济民之才。青年毛泽东曾寓居岳麓书院半学斋，深受其"实事求是"学风影响。2020 年 9 月 17 日，习近平总书记在考察岳麓书院时提出许多新思想、新观点、新论断。习近平总书记关于实事求是思想路线策源地的重要论述，把岳麓书院的历史地位提升到新高度；他对"惟楚有材，于斯为盛"的全新解读，把岳麓书院的历史文脉推进到新时代。应充分运用岳麓书院丰富的教育资源开展湖湘红色文化实践活动，紧密联系湖湘共产党人和人民的奋斗历程，深刻领悟马克思主义中国化的内在道理，深刻领悟为什么历史与人民选择了中国共产党和社会主义，从而进一步坚定"四个自信"。

二、实践目标

通过参观岳麓书院，探寻岳麓书院与湖湘文化的关系，明确岳麓书院为什么是"实事求是"思想路线的策源地，深刻感受湖湘红色文化精神特质及实事求是思想路线的形成，最终自觉传承湖湘红色文化精神。

三、实践具体安排

1.时间：×年×月×日

2.地点：岳麓书院

3. 主题：探访岳麓书院——实事求是思想路线策源地

4. 形式：参观、自主探究、理论宣讲

5. 流程：

步骤一：集体参观。集体参观岳麓书院，并认真听讲解员讲解。

步骤二：自主探究。结合讲解员讲解，以小组为单位，自主探究岳麓书院为什么是"实事求是"思想路线的策源地，岳麓书院在湖湘红色文化形成中所起的作用。

步骤三：撰写心得。根据自主探究搜集的资料撰写心得或者理论宣讲稿。

步骤四：分享汇报。在岳麓书院、社区等向群众开展理论宣讲。

步骤五：推广宣传。优秀的心得或宣讲稿拍摄成视频，在网络平台推广宣传。

实践项目二：重温湖湘红色历史、寻访湖湘革命人物

一、实践背景

湖南有着丰富的红色文化资源，在近代历史上产生了影响乃至改变中国发展历程的伟大英雄人物，"重温湖湘红色历史、寻访湖湘革命人物"实践活动充分挖掘湖湘红色文化资源，强化党史和理想信念教育，通过寻访并宣讲湖湘革命人物故事，丰富红色文化资源，打造大思政课，实现思政小课堂与社会大课堂的有机结合。

二、实践目标

选取湖湘优秀革命人物，充分挖掘其身上坚定不移的理想信念、矢志不渝的红色初心、百折不挠的奋斗精神等，通过到湖湘伟人故居、纪念馆等地开展实地宣讲并录制宣讲视频的方式，引导大家在宣讲红色故事中坚守初心使命，在感悟历史中接受精神洗礼，从红色文化中汲取奋进力量，不断坚定理想信念，汇聚起矢志不渝跟党走的磅礴力量。

三、实践具体安排

1. 时间：×年×月×日

2. 地点：湖湘革命人物故居、纪念馆等

3. 主题：寻访湖湘革命人物　重温湖湘红色历史

4. 形式：主题参观、自主探究、红色故事宣讲

5. 流程：

步骤一：主题参观。前往湖湘革命人物故居、纪念馆等地参观，并聆听讲解。

步骤二：自主探究。结合参观所看所听所思，选取湖湘革命人物身上的典型故事，撰写宣讲稿。

步骤三：公开宣讲。在湖湘革命人物故居、社区等向群众开展红色故事宣讲。

步骤五：录制视频。优秀宣讲稿，拍摄成视频，在网络平台进行推广宣传。

四、作业布置

根据实践项目完成实践任务，提交一份宣讲稿或宣讲视频。

第四节　教学延伸拓展

一、拓展阅读

寻访湖湘红色足迹

准确理解岳麓书院与实事求是思想路线内在关系的三个维度[①]

2020年9月，在党的十九届五中全会召开前夕，习近平总书记赴湖南大学岳麓书院考察调研。总书记表示，自己对岳麓书院一直心怀牵挂，对岳麓书院在中华文化传承中的地位和影响很有感触。总书记指出，毛泽东的实事求是思想就来源于岳麓书院，岳麓书院是党的实事求是思想路线的策源地。准确理解岳麓书院与实事求是思想路线内在关系是学习贯彻习近平总书记考察岳麓书院重要讲话精神的必然要求，是新形势下认

---

① 湖南大学. 准确理解岳麓书院与实事求是思想路线内在关系的三个维度[EB/OL]. 马华华.(2021-04-15).https://news.hnu.edu.cn/info/1102/25740.htm.

识书院、研究书院、拓展书院功能作用发挥空间的必然要求，也是党史学习教育中具有湖大特色和书院特色的重要内容。学深悟透实事求是思想路线的文化之源、发展脉络和精神实质可以从岳麓书院在中国文化史上的作用、湖湘文化研究的地位以及作为人才培养的千年学府这三个维度入手。

作为中国文化创新发展的基地，岳麓书院为实事求是思想路线的形成提供了丰厚的文化滋养。"实事求是"最早出自东汉史学家班固撰写的《汉书·河间献王传》，其在《汉书》中的最初意涵就是用来表彰刘德治经"扎实牢靠、力求真确"的精神。作为党的思想路线，"实事求是"从一开始就来自中华优秀传统文化。文化的生长演进有其内在脉络和科学规律，自北宋开宝九年（公元976年）岳麓书院创建，千百年来无数心怀梦想的中华读书人汇聚到这里，把岳麓书院变成了中华文化史上孕育思想、创新学术的基地。南宋时期，著名理学家张栻主持岳麓书院，形成了学界颇负盛名的湖湘学派；理学集大成者朱熹两次在岳麓书院讲学传道，将岳麓书院学术鼎盛、文化繁荣的历史局面推到了一个新高度；明朝中后期，岳麓书院又因其在学术界的崇高地位，再度发挥其重要学术研究基地的作用，吸引了"心学创始人"王阳明及其弟子王乔龄、张元忭、季本、邹元标等学者前来讲学，成为心学传播的大本营；清朝乾嘉学术大兴，岳麓书院又成为考据学的基地。正是因为"千年弦歌不辍"的岳麓书院凝聚了读书人的梦想，才在晚清不断适应形势变化，最终用二十多年的时间从传统书院改制成为现代大学。1916年湖南公立工业专门学校迁入岳麓书院，留学德国的博士宾步程担任校长并题写"实事求是"匾额作为学校校训。至此，"实事求是"终于在一个中西文化兼习的学者手中完成了从古籍中的文字到岳麓书院匾额的华丽转身，做好了即将与青年毛泽东心神交汇的准备。

作为湖湘学派的理论重镇，岳麓书院传承了实事求是的治学精神。岳麓学子一直秉承着"实事求是"的治学精神。湖湘学派的代表人物胡宏和张栻最先对"实事求是"进行了创造性诠释，胡宏极为强调经世致用，他曾说"学者，所以学为治也"，强调儒士"以古人实学自律"，做到"行之行之而又行之"；张栻一直强调"圣门实学贵于践履"，他认为"儒者之政，一一务实"。明代岳麓学子王夫之热心倡导"实学"，他认为儒士应该要"以实行出实效"并指出"行可兼知，而知不可兼行"。清晚期，以魏源、曾国藩、郭嵩焘等为代表的岳麓诸生面对着"三千年未有之大变局"进一步发展了"实事求是"的思想。魏源主张天下士人要"以实事程实功,以实功程实事"。郭嵩焘则认为"格物家讲求化学,实事求是",他曾在日记中写道:"西人格致之学,所以牢笼天地,驱役万物,皆实事求是之效也。"而曾国藩认为"夫所谓事者,非物乎?是者,非理乎?实事求是,非即朱子所称即物穷理者乎?名目自高,诋毁日月,亦变而蔽者。"他对"实事求是"的解读已经跳脱出传统经学和理学的视角,将"事"与客观事物,"是"与客观事物的内在规律,"求"与研究探索统一起来,使"实事求是"由一个考据学的命题成为哲学上的认识论命题。这个解读与毛泽东1941年在《改造我们的学习》中对"实事求是"的诠释非常接近。可以说,千百年来岳麓学子们一直在传承和创造性地诠释"实事求是"精神,他们接续奋斗,终于将"实事求是"的思想火炬传递到了毛泽东的手上,并经由毛泽东的伟大改造成为我们党的思想路线。

作为人才培养的千年学府,岳麓书院对毛泽东思想的孕育和形成产生了深刻的影响。岳麓书院实事求是的治学精神、湖湘文化经世致用的传统精神,对毛泽东实事求是思想的孕育和形成产生了深刻影响。青年毛泽东自1911年春来长沙,就经常和同学友人往来于岳麓书院与湖南第一师范之间,沐浴于书院浓厚的文化氛围之中。1916年至1919年,他曾数次寓居于岳麓书院,在杨昌济先生引导下,青年毛泽东对中国传统文化"实学"思想非常感兴趣,他的《讲堂录》记载了杨昌济等老师的讲课内容,如曾国藩"不说大话,不好虚名,不行架空之事,不谈过高之理"等言论的记载,并分析评论说,"古者为学,重在行事""闭门求学,其学无用,欲从天下国家万事万物而学之"。这说明青年毛泽东在杨昌济的影响下已经初步认识到了实践是认识的来源,理论认识是为了指导实践,实践是认识的目的,为他以后马克思主义认识论的提出奠定了基础。可以说,青年毛泽东在岳麓书院熏陶下形成的文化性格对他阐释全新的"实事求是"命题产生了深远的影响。除此之外,岳麓书院对毛泽东思想的形成还有许多具体而微的体现,如:岳麓书院讲堂刊立着的乾隆年间山长欧阳正焕所书"整、齐、严、肃"碑与毛泽东为抗大所提校训"紧张,团结,活泼,严肃"一脉相承,而岳麓书院自南宋张栻所倡导并传承至今的"传道济民"人才培养目标与毛泽东所提出的党的"全心全意为人民服务"的根本宗旨也有着深刻的联系。

惟楚有材，于斯为盛。千年学府岳麓书院之所以成为党的实事求是思想路线的策源地，正是因为岳麓书院凝聚了读书人的梦想，汇聚了天下英才，在千百年的发展历程中承载了实事求是的治学精神，承载了优秀传统文化。新时代的我们必须进一步增强政治自觉和文化自觉，奋力擦亮新时代岳麓书院品牌，将岳麓书院打造成新时代经世致用人才培养高地、国学研究高地、中华优秀历史文化传播高地，续写新时代岳麓书院大文章。

二、作业布置

根据自己撰写的宣讲稿，到学校、社区、革命故居等地宣讲湖湘英雄革命人物。

专题三
寻湖湘革命人物

近代湖南，人才辈出。湖南素有"湖南人才半国中""中兴将相，什九湖湘""半部中国近代史由湘人写就"和"无湘不成军"的盛誉。这里诞生了一代伟人毛泽东及刘少奇、彭德怀、贺龙、任弼时、罗荣桓等一大批杰出的无产阶级革命家、政治家、军事家、理论家，涌现了蔡和森、夏明翰、向警予、邓中夏、郭亮、杨开慧等一大批著名的革命英烈。他们为中国革命和建立新中国立下的丰功伟绩，不仅是中华优秀文化的重要组成部分，更是中华民族宝贵的精神财富。

第一节 实践导学

一、理论要点

（一）湖湘无产阶级革命家群体的形成

新民学会的成立预示着湖湘无产阶级革命家群体开始萌芽，中国共产党的创建标志着这一群体的正式形成；中共七大的召开，标志着湖湘无产阶级革命家群体开始壮大，并逐步走向辉煌。这一群体是一支举足轻重的队伍，在中国革命的舞台上扮演了重要角色，值得后人敬仰。

1. 湖湘无产阶级革命家群体的萌芽

1917年俄国十月革命胜利后，马克思主义逐渐在中国开始传播。1918年4月14日，毛泽东、蔡和森等为"集合同志，创造新环境"在长沙成立新民学会。新民学会的创立初衷是"革新学术，砥砺品行，改良人心风俗"，后确定以"改造中国与世界"为方针。它迅速成为新文化运动时期湖南人数最多、影响最大的进步团体,对马克思主义思想在湖南的传播起了重要作用。

从新民学会建立到中国共产党诞生这一阶段,是湖湘无产阶级革命家群体的萌芽时期。从宏观上讲,主要表现在两个方面。

一方面,新民学会的精神在湖南产生了积极的影响。重视砥砺品行,强调无私的群体意识,对于广大湖湘儿女探索救国救民之路起了宣传和引导作用。五四运动后,由于大多数新民学会会员接触到马克思主义和劳工运动,他们逐渐懂得了科学理论的指导对于革命团体的重要意义,这是新民学会历史发展的一个重大转折。在不断追求进步的过程中,毛泽东、蔡和森等人很快便突破了新民学会最初的宗旨,他们已经不满足于以清流自许而回避政治的道路,开始组织革命运动。战事在前,同期发起湖南青年学生的赴法勤工俭学活动,会员积极参与了驱逐反动军阀张敬尧的活动,随后积极响应湖南自治运动,并在湖南掀起妇女解放运动的高潮。这些斗争不仅锻炼了他们的组织能力和社会活动能力,还发动了群众,打下了良好的群众基础。

另一方面,新民学会会员中的大部分人后来成为共产党员或者共青团员。从学会的宗旨和指导思想上来说,新民学会和共产党组织有很多的共同之处,这对大部分会员选择加入共产党产生了很大影响。据有关资料统计:在新民学会78位会员中,先后加入共产党的有37人,毛泽东、蔡和森、向警予、罗章龙、李维汉、易礼容、夏曦、郭亮、蔡畅、谢觉哉、何叔衡等均担任过党的重要领导职务。

总之,新民学会为湖湘无产阶级革命家提供了学习马克思主义的阵地、投身社会运动实践的舞台、磨砺主要骨干的平台,是培养共产党员的摇篮。

2. 湖湘无产阶级革命家群体的形成

中国共产党的创立是湖湘无产阶级革命家群体形成的开始,到党的七大召开前夕,湖湘无产阶级革命家群体完全形成。其标志有以下几个。

(1)共同的理想和奋斗目标

作为一个无产阶级革命家群体,共同的理想和奋斗目标是重要基础。党的一大通过的中国共产党第一个纲领明确规定:以无产阶级革命军队推翻资产阶级;采用无产阶级专政,消灭阶级;废除资本私有制,没收一切生产资料。《中国共产党第二次全国代表大会宣言》指出:"中国共产党是中国无产阶级政党,它的目的是要组织无产阶级,用阶级斗争的手段,建立劳农专政的政治,铲除私有财产制度,逐次达到一个共产主义社会。"这是党的最高纲领。"清除内乱,打倒军阀,建设国内和平;推翻国际帝国主义的压迫,达到中华民族的完全独立;统一中国本部(东三省在内)为真正民主共和国……"这是符合中国当时实际情况的纲领,即党的最低纲领。这些规定和政策既是中国共产党的奋斗目标,也是湖湘无产阶级革命家群体的奋斗目标,成为群体凝聚的精神纽带。

(2)党组织规模不断壮大

中国共产党成立以后,湖南的中共党组织迅速壮大,湘籍中共党员逐渐增多。党的一大后,毛泽东、何叔衡回到湖南,积极发展党组织。他们于1921年10月10日建立中共湖南支部,除在长沙的湖南第一师范、省立一中、长郡中学、商业专科学校等处进行工作外,还在安源、衡阳发展党员,建立组织。至1926年10月,全省有共产党员3714人,56个县有党的组织。马日事变前夕,全省共产党员发展到约2万人,约占全国党员总数的2/5。至1929年底,省委直接领导的党组织有湘鄂赣边特委、湘鄂边特委、湘西特委和7个县委、33个区委,党员近6000名。抗日战争爆发后,全省在70多个县中新建了17个县委、10个县工委,在5个地方建立特区委、特支或总支。共产党组织是无产阶级革命家群体的平台,湖南党组织的发展、湖湘党员的增多,折射出湖湘无产阶级革命家群体已具规模。

(3)大批革命家茁壮成长

湖南革命斗争的烈火炼出大批的无产阶级革命家。毛泽东成为这个群体当之无愧的领袖,何叔衡、蔡和森、夏明翰、邓中夏、李达、李维汉、郭亮、何孟雄、罗章龙、杨开慧等是这个群体举足轻重的人物。革命家个体的成熟与联合,标志着湖湘无产阶级革命家群体正式形成。大批湖湘革命家担任党内重要领导职务,是这个群体发展壮大的显著标志。例如在中共七大上,毛泽东、刘少奇、任弼时、林伯渠、彭德怀、贺龙、罗荣桓、李立三、蔡畅、滕代远、徐特立、谭震林等人当选为中央委员,占此届中央委员的29.6%;选举产生政治局委员13人,其中湖湘5人,占总数的38.46%。新中国成立后,军队中更是将星如云,中华人民共和国的中央人民政府主席、全国人大常委会委员长、全国政协主席、中央军委主席、国防委员会主席，都曾由湖湘人士担任过。

（二）湖湘无产阶级革命家群体的成因

1. 源远流长的湖湘文化是其形成的历史基础

南宋时，胡宏、张栻等人在湖南讲学形成湖湘学派，该学派以重躬行而著称于南宋。王船山、魏源等都坚持重行的主张，曾国藩坚持"力践"比"致知"更为重要。

岳麓书院是湖湘文化的摇篮，湖湘文化强调既要通晓经典，又要学以致用。杨昌济到晚年还强调知行统一和力行为要，认为"博学、深思、力行，三者不可偏废"；蔡和森祈盼"今日之中国多出做事之人"；毛泽东倡导"理论联系实际"的学风。这种知行统一的务实精神来自湖湘文化"经世致用"的学术传统，这种传统代代相传，对当时寻求救国新道路的湖湘爱国志士产生了积极的影响。毛泽东、蔡和森、蔡畅、徐特立、刘少奇、彭德怀等人正是在湖湘文化的影响下开始革命生涯的，由此可以看出他们与湖湘文化经世致用的务实传统之间的渊源。

2. 湖南经济社会的深刻危机是其形成的现实基础

两次鸦片战争，西方资本主义侵略者以武力强行打开了中国的大门。湖南虽然偏处内地，同样受到侵略者和本国封建主义者的残酷蹂躏，面对帝国主义和封建军阀的双重压迫，湖南人民进行了不屈不挠的斗争。辛亥革命失败后，中国进入最黑暗、最混乱的北洋军阀统治时期。湖南地处南北交通要冲，战略位置特殊，因此成为南北军阀长期拉锯的战场。大革命失败后，国民党建立的湖南政权依然是一种反革命军阀统治。新旧军阀对湖南的反动统治，造成湖南的全面危机。正是这艰难的生存环境，为湖湘无产阶级革命家群体的兴起创造了契机。

3. 湖南工人阶级的发展壮大是其形成的阶级基础

湖南地处内陆，近代资本主义企业发展起步较晚。直至1911年辛亥革命时期，湖南近代产业工人总数仍不足万人。1914年第一次世界大战爆发后，帝国主义列强忙于战争无暇东顾，客观上为中国民族工业发展提供了空间。湖南拥有锑、铅、锌等可作为军火原料的特有矿产资源，战争需求使矿砂价格猛涨，直接刺激了当地矿业的迅速扩张。1919年五四运动时期，湖南产业工人数量已接近 22 万人，较战前实现大幅增长。湖南产业工人的分布具有显著特征：一是行业集中，主要聚集于矿业（如锡矿山、水口山矿场）；二是队伍稳定性差，受世界市场波动影响明显——以新化锡矿山为例，一战期间工人数量曾达 10 万之众，战争结束后急剧缩减至 2 万人。此外，工人受剥削程度极深：据水口山矿场调查显示，矿工工资仅占每吨矿砂价值的 0.75%，而洋行所得约为矿工劳动报酬的 82 倍，矿局对工人的剩余价值剥削率高达 119.64%。

由于湖南近代产业工人长期处于帝国主义经济掠夺、封建主义压迫与资本剥削的多重矛盾交汇点，他们对民族危机和阶级压迫的感受比其他社会群体更为深刻。历史证明，当工人阶级通过马克思主义理论启蒙实现阶级觉悟，并在无产阶级政党领导下形成组织力量时，便迅速成为中国革命的中坚力量。这一客观历史进程，正是湖湘无产阶级革命家群体得以形成并发展壮大的阶级基础。

4. 湖南农民运动的蓬勃发展是其形成的群众基础

中国共产党领导的湖南农民运动是大革命时期全国农民运动的中心。1923 年，中共湘区委员会在衡山岳北发动减租反霸斗争，成立首个农运组织——岳北农工会，数万农民参与平粜和阻禁地主谷米外运。至 1927 年 1 月，湖南农会会员达 600 万，直接领导群众超 1000 万，占全省农民半数以上。毛泽东在《湖南农民运动考察报告》中盛赞农民"推翻土豪劣绅的乡村统治政权，造成一个空前的农村大革命"，并指出农民问题乃"国民革命的中心问题"。农民协会通过减租减息、清丈田亩、建立农民武装等举措，彻底瓦解地主政权，成为乡村实际权力机关。湖南农民运动的迅猛发展，不仅为北伐战争提供后方支持，更培养了大批革命骨干，为后续土地革命奠定基础。

5. 马克思主义的传播是其形成的思想基础

1917 年 11 月，湖南《大公报》先后刊出《俄京二次政变记》《俄国政变中心之兵工委员会》两文，把十月革命的消息传到湖南。在十月革命的鼓舞下，在各种思潮、学说的竞争中，介绍、宣传、研究马克思主义逐渐成为湖南思想界的主流。《湘江评论》《新湖南》等公开"以宣传最新思潮为宗旨"，论述了十月革命的潮流不可抵挡、民众大联合是人民求得解放的有效方法。此外,《大公报》《湘声日报》《救国周刊》《女界钟》《岳麓周刊》《工学周刊》和《体育周刊》等进步刊物,以研究和宣传"社会改造""思想革新""妇女解放"和"民族自决"等为主要内容,在社会上产生了巨大影响。在传播、研究马克思主义的热潮中,新民学会、健学会、俄罗斯研究会、马克思主义研究会、崇新学社、衡阳心社等进步团体应运而生。通过这些社团,相当数量的先进知识分子和爱国青年相互学习、相互促进,凝聚革命力量,扩大了马克思主义的传播队伍。马克思主义在湖南思想界的主导地位确立起来,这不仅为中国共产党组织在湖南的建立和发展打下基础,而且为湖湘无产阶级革命家群体的形成和成长提供了扎实的理论基础。

(三)湖湘无产阶级革命家群体对中国革命的贡献

中国新民主主义革命的胜利,是全国各地无产阶级革命家群体共同奋斗出来的,但其中湖湘无产阶级革命家群体的功绩尤为突出,在革命政党的建设,革命理论的形成,革命运动的开展,革命军队的缔造,革命道路的开辟等方面,都有其独特的贡献。

1. 湖湘无产阶级革命家群体是早期中国共产党的核心力量

既要革命,就要有一个革命的党。没有一个革命政党作为新民主主义革命的领导机关,中国革命的胜利是不可能的。湖湘无产阶级革命家群体深知革命政党的极端重要性,为党的建设作出了重大的历史贡献。

(1)中国共产党的重要创始成员

在中国共产党的8个早期组织中,除武汉、济南、广州以外,均有湖湘人士参加。李达、李启汉、林伯渠、陈为人、李中在上海,邓中夏、何孟雄、罗章龙、缪伯英、朱务善、李梅羹在北京,毛泽东、何叔衡、彭璜等在长沙,都是共产党组织的发起人或参与研究者。中共一大的13名代表中,湖湘人士占4名,即毛泽东、何叔衡、李达、周佛海。当时全国共有共产党员53名,其中湖湘人士占21名。

(2)党内正确路线的主要代表

新民主主义革命前期,特别是党的遵义会议以前,中国共产党在探索革命道路的过程中经历了多次路线错误,其中以王明为代表的"左"倾教条主义错误路线一度占据统治地位，给革命事业造成严重损失。在与错误路线的斗争中，湖湘革命家始终站在湘渝斗争的前列，是正确路线的主要代表。譬如，在大革命后期陈独秀右倾机会主义错误主导中共中央领导工作期间，毛泽东、任弼时等对陈独秀的错误进行了坚决抵制。在土地革命战争前期三次"左"倾错误统治时期，毛泽东、刘少奇、何孟雄、罗荣桓、萧劲光等均与"左"倾盲动、冒险、教条主义错误作坚决的斗争。毛泽东成为当时正确路线的代表，刘少奇成为当时在白区正确路线的代表。

（3）中国共产党指导思想的主要贡献者

党的指导思想是党的灵魂，湖湘革命家群体对党的指导思想的形成作出了重大贡献。以毛泽东为主要代表的中国共产党人，把马克思列宁主义的普遍原理和中国革命具体实践结合起来，对中国长期革命实践中的一系列独创性经验作了理论概括，形成了适合中国情况的科学指导思想，即毛泽东思想。

1945年中国共产党第七次全国代表大会把毛泽东思想确定为全党的指导思想。除作为主要创立者的毛泽东外，蔡和森、刘少奇、任弼时等都为其贡献了智慧。蔡和森关于建党的思想、关于新民主主义革命的思想，刘少奇关于党的建设的重要思想、关于白区对敌斗争的策略思想，任弼时关于青年工作的思想，林伯渠、谢觉哉关于政权建设的思想，向警予关于妇女解放的思想，李立三关于工会工作的思想，彭德怀、贺龙、罗荣桓等关于军事工作的思想等，都为毛泽东思想的形成做出重要贡献。

2. 湖湘无产阶级革命家群体是新民主主义革命理论的核心创立群体

湖湘无产阶级革命家群体是新民主主义革命理论之集大成者。在探索中国新民主主义革命道路的过程中，毛泽东通过不断的理论总结，形成了《中国社会各阶级的分析》《星星之火，可以燎原》《中国革命和中国共产党》《新民主主义论》《论联合政府》等重要著作。在这些著作中，他不仅首次提出了"新民主主义革命"的概念，而且系统地回答了中国新民主主义革命的一系列基本问题，成为新民主主义革命理论的杰出代表。

3. 湖湘无产阶级革命家群体是革命军队的领导骨干

俗话说"无湘不成军"，这句话用来说明新民主主义革命时期湖湘革命家群体对于创建革命军队的贡献是非常恰当的。中央军委两次正式确定的中国当代革命军事家36人，其中湖湘的有15位，他们是毛泽东、彭德怀、贺龙、罗荣桓、粟裕、黄克诚、陈赓、谭政、萧劲光、许光达、段德昌、曾中生、蔡申熙、左权、黄公略。后来何长工、王震、杨得志、李聚奎、耿飚等名将逝世时，中央亦称他们为军事家。

4. 湖湘无产阶级革命家群体是新民主主义革命道路的开创先锋

湖湘无产阶级革命家群体是中国新民主主义革命道路的开创先锋，他们最终找到了一条把中国革命引向胜利的光辉道路。

（1）革命道路的主要探索者

在八七会议上，毛泽东提出"以后要非常注意军事，须知政权是由枪杆子中取得的"的著名论断，并提出"上山"的主张。在领导秋收起义的过程中，为了保存和发展革命武装，毛泽东否定了取浏阳直攻长沙、攻打中心城市的错误意见，并率部向敌人统治薄弱的井冈山进军，开创了中国共产党领导的第一个农村革命根据地，点燃了"工农武装割据"的星星之火，开辟了农村包围城市、武装夺取政权的革命道路。其他湖湘革命家则是这条道路的积极响应者，土地革命战争时期，除了由湖湘革命家领导的中央革命根据地外，还有彭德怀、黄公略、王首道等领导的湘赣根据地，彭德怀、黄公略、何长工等领导的湘鄂赣根据地，贺龙、邓中夏等领导的湘鄂西根据地。

（2）革命转变的关键推动者

在新民主主义革命时期，中国革命经历了从两次失败到两次胜利的伟大转变，一次是从大革命的失败到土地革命战争的兴起，另一次是从第五次反"围剿"失败到抗日战争的兴起，湖湘革命家群体在两次转变中都发挥了关键作用。在挽救党和红军的遵义会议上，20名代表中有湖湘革命家5名，他们是政治局委员毛泽东、政治局候补委员刘少奇、红三军团军团长彭德怀、红三军团政委李富春、红五军团政委李卓然。会上，湖湘革命家坚定地站在毛泽东正确路线一边，为会议结束王明"左"倾教条主义在全党的统治，确立毛泽东在党和军队的领导地位作出了贡献，也为中国革命胜利实现向抗日战争的转变创造了条件。

（3）土地革命的实践领导者

中国革命实质上是农民革命，早在大革命时期，毛泽东就明确提出

"国民革命的中心问题乃农民问题"①的科学论断。农民的问题主要是土地问题。为了动员和组织农民群众参军参战，井冈山革命根据地建立后，毛泽东立即领导根据地人民开展了打土豪分田地的土地革命，主持制定了党的历史上的第一部土地法——《井冈山土地法》，并在实践中逐渐形成完整的土地革命路线。其他湖湘革命家也是土地革命的重要领导人，贺龙领导的湘鄂西地区，彭德怀领导的湘鄂赣地区，均是土地革命深入开展的地区。解放战争时期的重要土地改革文件，也是由湖湘革命家组织制定的，譬如1946年的《中共中央关于土地问题的指示》，1947年的《中国土地法大纲》，就是由刘少奇主持制定的。被毛泽东批转全国作为规范文件的《土地改革中的几个问题》则出自任弼时的笔下。

（4）革命政权的主要缔造者

革命的根本问题是政权问题。为奠定党在全国执政的基础，党在新民主主义革命时期进行了农村革命根据地政权建设的实践。1927年10月，毛泽东率领秋收起义部队上井冈山之后，11月在茶陵县成立了湘赣边界第一个红色政权——茶陵县工农兵政府。1928年5月，又成立了湘赣边界统一的工农兵苏维埃政府。土地革命战争时期，由湖湘革命家领导建立的主要革命政权还有：由彭德怀等领导建立的湘鄂赣省苏维埃政府和湘赣省临时苏维埃政府，由贺龙领导建立的湘鄂西苏维埃政府等区域性政权。在各地革命政权的基础上，1931年11月毛泽东被选举为中华苏维埃共和国临时中央政府主席。

湖湘革命家还是革命政权的骨干成员。抗日战争时期，在1937年9月成立的陕甘宁边区政府9名政府组成人员中，政府主席林伯渠、教育厅厅长徐特立2人为湖南人。解放战争时期，1948年8月成立的华北人民政府27名政府委员中，谢觉哉、滕代远、成仿吾3人为湖南人。

二、现实关切

（一）调查问卷

通过调查问卷了解人们的现实关切，具体问卷如下：

1.您主要通过哪种渠道了解湖湘无产阶级革命家（　　）

---

① 毛泽东.毛泽东文集（第二卷），北京：人民出版社，1993.

A. 网络宣传　　　　　　　　B. 报纸书籍等实物媒介

C. 参观红色纪念馆　　　　　D. 学习场所的宣传教育

E. 有关红色文化的电视剧、电影、短视频宣传

F. 听老前辈或朋友的讲述　　G. 其他

2. 您认为我们有必要了解湖湘无产阶级革命家吗（　　）

A. 非常有必要　　　　　　　B. 比较有必要

C. 一般　　　　　　　　　　D. 没有什么必要

E. 不知道

3. 您对几个湖湘无产阶级革命家有全面、深入的了解有（　　）

A. ≤3个　　　　　B. 3—6个　　　　　C. ≥6个

3. 您认为湖湘无产阶级革命家的革命事迹对您的学习和生活有影响吗（　　）

A. 影响非常大　　　　　　　B. 影响一般

C. 影响比较小　　　　　　　D. 几乎没有

4. 您参观过的湖湘革命人物的故居或纪念馆有多少（　　）

A. 没有　　　　　　　　　　B. 1~5处

C. 5~10处　　　　　　　　　D. 10处以上

5. 您是如何看待湖湘无产阶级革命家的（　　）

A. 弘扬革命精神，践行革命品德

B. 缅怀历史，牢记使命

C. 激发爱国主义情怀，增强民族凝聚力

D. 如今是新时代，与我们现实生活没有太大的联系

E. 其他

（二）回应关切

党的十八大以来，习近平总书记在多个重要场合强调：要多了解中国革命、建设、改革的历史知识。多向英雄模范人物学习，养成热爱党、热爱国家、热爱人民的高尚情怀，用实际行动把红色文化一代代传下去。湖湘大地孕育了无数杰出儿女，他们的精神却永远留在这片热土，是中华民族宝贵的精神财富。通过实践调研发现，人们关切问题主要集中以下几点。

1. 人们对湖湘革命人物的认知度不足

湖湘革命人物身上蕴含着丰富的红色基因，内容相对较为抽象。他们的先进事迹虽然时常在人们的耳畔回荡，某种程度上却使人缺乏直接的心灵体验，难以深入地理解。与此同时，在经济全球化的背景下和多元价值观的影响下，人们对了解湖湘革命人物的意识淡薄，对传承红色基因的积极性和主动性也随之降低。

2. 人们参与实践研修活动次数相对较少

湖湘红色文化孕育在革命斗争的风雨之中，虽然饱经洗礼，但对人们的成长和发展有着重要作用。人们通过深入了解湖湘革命人物的光辉事迹，能够进一步认清中国国情，了解中国共产党筚路蓝缕的奋斗历程和中国革命波澜壮阔的历史进程，把这一段难忘的历史以及所蕴含的红色精神牢记在心，坚定理想信念，厚植爱国主义情怀，在革命先辈的精神、事迹感召下，不断为实现中国梦而奋斗。

3. 红色实践研修活动的方式有待创新

当前大多数人在组织红色文化研修活动更多地是采取聆听爱国主义教育讲座、观看红色影片等方式。这些方式难以让人们获得体验感，更没有设定相关问题，引导人们对实践主题进行深入思考，使人们难以留下深刻印象，无法达到较好的教学效果。因此，活动组织者在组织实践研修活动时要与时俱进，不断创新，通过交流，引导学生对实践主题进行思考，在学懂弄通的基础上，勇于实践，全面提升自身的综合素养。

三、作业布置

在了解湖湘无产阶级革命家群体形成的基础上，谈谈湖湘无产阶级革命家群体对中国革命的贡献。

第二节　实践课堂

一、实践任务目标

（一）素质目标

通过探寻湖湘革命人物的实践教学，使人们坚定不移地拥护中国共产党领导，坚持中国特色社会主义共同理想和共产主义远大理想，厚植爱国主义情怀；在众多湖湘革命人物事迹的渲染下，铭记光辉历史，传承红色基因，增强文化自信，成长为堪当民族复兴重任的时代新人。

（二）知识目标

通过理论阐释和实践教学，使人们了解湖湘无产阶级革命群体的形成，了解湖湘无产阶级革命群体对中国革命的贡献，掌握湖湘无产阶级革命群体形成的历史基础、现实基础、阶级基础和思想基础。

（三）能力目标

通过实践研究活动，人们能够正确认识湖湘革命人物蕴含的时代价值，主动传承红色基因；能自觉同诋毁湖湘革命英雄人物的言论和行为等错误的历史思潮作斗争，增强人们用唯物辩证法的观点分析问题、解决问题的能力。

二、实践任务实施

（一）实践项目一：分享我心目中革命人物的故事

1. 活动目标

习近平总书记强调："要讲好党的故事、革命的故事、根据地的故事、英雄和烈士的故事，加强革命传统教育、爱国主义教育、青少年思想道德教育，把红色基因传承好，确保红色江山永不变色。"[1]湖湘革命英雄和伟人身上呈现出鲜明的爱国主义情怀、大公无私的爱国主义信念、舍生忘死的英雄主义气概，为人们的成长提供精神滋养。分享心中的革命人物故事，补充红色营养，将红色火种播进人们的心中，有助于激励他们在实现中华民族伟大复兴的征程上，肩负使命担当，谱写出属于他们的青春之歌。

2. 活动内容

主办方引导活动参与者，一方面，通过书籍、网络收集湖湘革命英雄人物的文史资料，另一方面，为了使他们对自己感兴趣的革命人物进行

---

[1] 习近平.用好红色资源，传承好红色基因，把红色江山世代代传下去[N]求是（第10期），2021-05-16.

深入研究，鼓励支持他们到湖南省内的伟人故居、纪念馆、重大历史事件遗址、重大历史事件纪念馆、博物馆、党史馆、烈士纪念园等进行实地参观，深入发掘革命人物故事背后的精神内核、优良传统。

3. 活动流程

（1）第一阶段：选择红色故事

以小组为单位开展红色研修实践活动，以 5 人为单位分成小组，自主选定组长 1 名，组长进行组内统筹、分工，确定好组内分享的具体故事。

（2）第二阶段：分享红色故事

活动负责人精心选择场地，组织人们以小组为单位，分享心目中的革命人物的故事。各小组把分享的故事统一提交给主办方，方便后期分类汇编成册。

（二）实践项目二：寻访湖湘革命人物 传承湖湘红色基因——微电影创作大赛

1. 活动内容

千百年来，一代又一代湖湘哲人士子上下求索，立功立德立言，成就了湖湘人物的星汉灿烂。湖湘革命先烈、英模人物的榜样力量，是优良传统的人格化身，是红色基因的鲜活体现。把红色基因融进血脉，可使其成为让人们全方位了解红色基因、体悟红色基因，培养担当民族复兴大任的时代新人强大精神力量。通过"微电影"创作的准备、拍摄等一系列的过程，教育引导人们自觉主动传承红色基因，弘扬湖湘红色精神。

2. 活动主题

寻访湖湘革命人物 传承湖湘红色基因

3. 活动流程

（1）第一阶段：赛前宣传

大赛前 20 天，通过网络、宣传栏等平台发布比赛方案，在公共区域悬挂横幅，广泛引起人们的注意，宣传本次活动。

（2）第二阶段：作品准备

1.思想健康，积极向上，具有良好的精神面貌，能够较好地反映我们拍摄的主题。内容有一定的思想深度，充实、生动。

2. 以团队的形式参与，团队成员 5 人以内。参赛作品必须是原创作品。严禁抄袭、模仿、拷贝他人作品，作品表现形式不限，以普通话为主，影片长度在 15 分钟左右。

3. 拍摄画面清晰连贯，有一定的拍摄和剪辑技巧，富有艺术感。

（3）第三阶段：现场展示

将每个参赛的微电影文件都准备好，事先抽签，以确定出场顺序，并检查设备。在进行微电影展示前，由该片导演先上台简要介绍他们的影片，随后进行现场微电影展示。

（4）第四阶段：作品评优

作品展示完毕后，由评委对该作品进行打分。根据评委打分和现场观众投票选出入围作品，后根据影片评出一、二、三等奖及最佳影片奖。

三、实践任务成果

首先，将我心目中的革命人物故事分类整理，汇编成书；将《传承湖湘红色基因，寻访湖湘革命人物》微电影优秀作品，进行宣传展示。

四、实践任务评价

红色实践研修活动主要采用多元评价的体系进行评价。首先，要坚持考评主体多元化：由人们自评、小组互评、思政教师评价、基地导师评价四部分组成。其次，要坚持评价内容多维化，从活动过程人们的表现、作品完成的价值、人们参与活动后获得的成长。最后，要坚持评价方法多样化，采用过程性评价和终结性评价、量化评价和质性评价相结合的方式进行科学评价。具体考评细则见表 3-1：

五、作业布置

从分享我心目中革命人物的故事、《传承湖湘红色基因，寻访湖湘革命人物》微电影创作大赛中选择其中一个开展实践。

表3-1 考评细则

评价指标		分值%	评价等级				评价主体 得分			
			A	B	C	D	人们自评	组内互评	思政老师评价	基地导师评价
活动过程	参与的主动性	15								
	有效的互动性	15								
	团队的协作性	15								
	综合素养的提升	15								
完成作品	提交作品的完整度和创新性	20								
	提交作品的价值与影响力	20								
	以上各项相加	100								
活动评语										
表格使用说明	评价等级得分参照如下： A：分值（90%以上） B：分值（80%~89%） C：分值（70%~79%） D：分值（69%以下）									

第三节 实践教学范例

一、资料阅读

新民学会:"建党先声"显初心[①]

穿过绿荫如盖的新民路,走进窄窄的周家巷,抬头吟诵巷口牌楼上出自蔡畅的题词:"新民学会建党先声,毛蔡寄庐流芳千古""沩痴寄庐"——新民学会旧址,当年蔡和森在长沙求学时,举家寓居于此,毛泽东、肖子升等同学经常横渡湘江,在这里聚会畅谈。一群20出头的青年,意气风发,酝酿成立先进社团。他们不屑于谈论个人琐事,探讨的都是救国救民的道理。

1918年4月14日,新民学会成立会就在这个堂屋召开。此后,这里便成为新民学会的会址和活动场所。新民学会人数不多,目前掌握资料的有78名,但大都是"坚强刚毅、随时准备为国捐躯的青年",他们纯洁、诚恳、奋斗、追求真理。

学会成立之初确立的宗旨是:"革新学术,砥砺品行,改良人心风俗",学会会员渴望从西方寻求救国救民的真理,近40%的会员前往法国、新加坡等国勤工俭学。蔡和森、向警予、李维汉等会员开始接触和研究马克思主义。

毛泽东、何叔衡等人则留在国内,响应"五四运动"。新民学会成立以后,在毛泽东、蔡和森的率领下,会员们内外求索,开展了一系列革命斗争。他们与帝国主义、军阀官僚斗。组成湖南人民联合会、湖南各界联合会,带领人们罢课,组织市民游行,"提倡国货、抵制日货"驱逐军阀张敬尧、发起"湖南自治运动"。他们与社会陈旧习气斗,创办革命刊物《湘江评论》宣传研究新思想,呼唤冲决一切罗网、解放思想;创办文化书社,成立湖南俄罗斯研究会,以改造中国与世界为学会的共同

[①] 苏莉. 新民学会:"建党先声"显初心 [OB/OL].(2021-01-01)[2021-01-01]https://www.hunan.gov.cn/topic/fdbnlqhxzc/hxcbns/202106/t20210616_19540546.html

目的。至此，学会宗旨发生革命性转变，以"激烈方法的共产主义"为达到共同目的的方法，把新民学会的大多数会员引上了选择马克思主义理想的道路。经历了三年多的斗争实践，新民学会终由五四新文化时期的先进青年团体，蝶变为具有无产阶级先进性的政治团体。

1921年夏，他们又派毛泽东、何叔衡参加中国共产党第一次全国代表大会。当时，全国58名党员中，新民学会会员就有8名。后来学会又有30名陆续加入中国共产党，成为"中国共产主义和中国革命史上的有名人物"。他们中近20人被追认为革命烈士，蔡和森、何叔衡、向警予在2019年被评为"100位为新中国成立做出突出贡献的英雄模范"。"恰同学少年""到中流击水，浪遏飞舟"，新民学会在搏浪击水中奋勇前行的先行示范成为激励湖南青年、中国青年投身中国共产党领导的革命斗争的强大动力。

问题：为什么说新民学会是"建党先声"？

解析：

新民学会为中国共产党的成立奠定了思想理论基础、组织人才基础和革命斗争实践基础。

首先，有关中国共产党建党的最初理论探讨，发生在新民学会领导者毛泽东与蔡和森的"越洋"书信之中。蔡和森同志提出"明目张胆正式成立一个中国共产党"，不仅第一次完整地提出了"中国共产党"名称，而且提出了系统的、较为成熟的建党思想。毛泽东同志第一次明确"唯物史观是吾党哲学的根据"，指出了马克思主义的唯物史观是党的指导思想，从此，唯物史观成为中国共产党建党、立党的基本原则和方法。

其次，新民学会为中国共产党培养了一批杰出的领袖人物和骨干。毛泽东同志在创立新民学会之初，就对会员提出了很高的要求，注重寻找"真同志"，学会自成立之日起，就确立了具有鲜明时代特点的会章、宗旨和会规，团结凝聚起一批有血性、有志气、有抱负、有担当的优秀爱国青年，而这正是新民学会能够成为五四时期湖南反帝反封建革命运动的领导核心的重要原因。学会的78名成员中先后有41人加入了中国共产党，这为早期中国共产党组织打下了坚实的干部人才基础。

最后，斗争实践活动是一贯注重"实事求是"的毛泽东自创立新民学会伊始就非常注重的一个问题。毛泽东很早就认识到广泛联系发动社会各界参与斗争的重要性。在主编《湘江评论》的过程中，他明确提出"民众的大联合"观点："有了大联合，我们中华民族原有的伟大能力，就能得到释放。"他领导新民学会进行了一系列重要实践活动，从迎接五四运动高潮到领导"驱张""自治"运动，在斗争实践中找到正确斗争方向；从创办文化书社到组织俄罗斯研究会，在建党准备中锤炼斗争本领。就这样，通过不断的斗争实践，新民学会会员们找到了正确的方向，获得了强大的力量支持，也最终认清了革命的道路。他们中的大多数人，最终在真理的感召下，坚定地以"激烈方法的共产主义"为方法，走俄国十月革命的道路，由此汇聚起"改造中国与世界"的磅礴之力。

新民学会"建党先声"之名当之无愧！

二、作业布置

根据红色实践研修活动的目的，自主参观新民学会旧址，并撰写心得体会。

第四节 教学延伸拓展

一、拓展阅读

忠诚的战士 光辉的一生
——追寻贺龙元帅

资料来源：中国共产党新闻网

1937年，毛泽东曾这样评价贺龙："贺老总有三条嘛：一是对敌斗争坚决；二是对党忠诚；三是联系群众。"正如毛泽东所评价的，贺龙元帅革命而光辉的一生展现了一切为了党、一切忠于党的赤子之心，全心全意为人民服务的崇高风范和对敌人斗争的高超艺术。他的崇高品格令后人敬仰。

1959年1月，贺龙在八一南昌起义纪念馆参观时回忆说：1927年7

月底，汪精卫决定在庐山召开反共军事会议。当时只有两种选择，要么上庐山，要么去南昌。我主意已定，就是跟共产党走。这时敌人来拉拢我，送来金条银洋。我对他们说，国民党我不入，要入党，就参加共产党。

1927年，蒋介石、汪精卫相继背叛革命，在全国掀起反共逆流。跟着共产党就意味着被通缉捉拿、关押、杀头。时任国民革命军第20军军长的贺龙当时有7000多兵力，是当时各方势力竞相拉拢的对象。

是与国民党反动派同流合污，高官厚禄坐享其成？还是冒着掉脑袋的危险，跟着共产党在南昌举行起义，从此踏上一条生死未卜的革命之路？贺龙毅然选择了后者。这一年，他31岁。

一直积极向党靠拢的贺龙，早在汪精卫政府逮捕和屠杀共产党员时，就曾主动保护了大量共产党员和革命群众。当中共中央政治局委员谭平山在江西九江把起义的计划告诉他时，贺龙明确回答："我只有一句话，赞成！我完全听从共产党的指示。"

此前，贺龙已拒绝了国民革命军第二方面军第4军军长黄琪翔和江西省主席朱德接踵而来的拉拢。

1927年7月28日，担任起义前敌委员会书记的周恩来来到贺龙第20军军部，亲自向贺龙面告南昌起义的详细计划，并征求贺龙的意见。贺龙当即表示同意。

至今，八一南昌起义纪念馆还保存着贺龙这样的回忆记录："周恩来同志郑重向我宣布：前敌委员会决定任命你为此次起义的总指挥。我当时一听，感激万分。党这样信任我，我激动得连话也说不出来，紧紧地握着周恩来同志的手，只说了一句话：党要我怎么干，我就怎么干！"

7月31日下午，贺龙在第20军军部召开军官会议。他说："国民党已经叛变了革命，国民党已经死了；只有跟着共产党，中国革命才有希望，共产党是人民的救星；现在要在共产党领导下举行武装暴动，解放人民；我已下决心跟党走了，愿意跟党走的，可以留下继续一起革命，不愿意的也可以走。"在贺龙指挥部旧址的一面墙上，如今还展示着这次讲话的节选片段。

贺龙在南昌起义前就盼望着加入共产党。一天，周逸群在一间房屋里主持新党员入党宣誓仪式，从门外路过的贺龙正好看到了这庄严而神圣的一幕。仪式结束后，贺龙拉住周逸群一语双关地说："门不要关得那么紧，也让我进去。"

1927年8月底,在起义军南下受挫、处境艰难之时,贺龙加入了党组织,成为一名光荣的共产党员。

二、作业布置

根据自己分享的"我心目中革命人物的故事",到所在社区、革命故居等地宣讲湖湘革命人物。

专题四
访湖湘红色文化遗址

第一节　实践导学

一、理论要点

（一）红色文化遗址的内涵及特点

1. 红色文化遗址的内涵

"红色文化遗址"是由"红色""文化""遗址"三个词语复合而成的概念或范畴。理解这三个词语及其相互间的关系和地位，便成为理解和把握红色文化遗址内涵与特征的关键。

"红色"一词的本义指一种鲜艳夺目的颜色。在中国，红色象征中国共产党及其领导的革命事业和建设事业。如红色革命、红色政权、红色革命根据地等。红色的这种象征表述有着鲜明的政治立场。

"文化"指的是人类有意识地作用于自然界和人类社会的一切活动及其结果。这些活动有多少种形式、结果有多少种类型，就会有多少种文化。

"遗址"是指人类活动的遗迹，属于考古学概念，既包括人类为不同用途所营建的建筑群体，也包括人类对自然环境利用和加工而遗留的一些场所。2017年12月1日，《公共服务领域英文译写规范》正式实施，规定遗址英文为Ruins。

"红色文化遗址"作为"红色""文化""遗址"这三个概念融合形成的概念或范畴，并不是这三个概念或范畴的简单叠加，而是它们的有机整合与统一。"红色"规定了红色文化遗址的主体和年代，即主体是中国共产党和中国人民，年代主要指革命战争时期，也包括社会主义革命和建设时期及改革开放以来；"文化"界定了红色文化遗址的内涵是中国共产党领导中国人民所进行的革命和建设活动及其结果；"遗址"则揭示了红色文化的存在形态。这三个概念的相互规定与融合，就形成了红色文化遗址的内涵："红色文化遗址"指的就是中国共产党带领中国人民在追求民族伟大复兴的历史进程中遗留下来的重要物质文化遗产，是宝贵的红色文化物质载体和珍贵的红色文化资源，具有重要的纪念和教育功能。

2. 红色文化遗址的特点

（1）相对固定性

红色文化遗址具有与其他遗址相同的特点就是其表现为一定的物质形态，具有不可移动性，如革命先烈故居、陵园、重要会议旧址、重要战斗遗迹等。

（2）体现时代性

红色文化遗址体现了中国共产党带领广大人民在战争与革命时期，万众一心、同仇敌忾的斗争历程；展现了在和平与发展时代背景下，全国各族人民在党的领导下砥砺奋进的时代特征。

（3）富有教育性

红色遗址见证了中国共产党带领中国人民进行革命斗争和社会主义现代化建设的光辉历程，是我们的宝贵精神财富，更是对广大人民群众特别是青少年进行爱国主义和革命传统教育的重要阵地。

（二）湖湘红色文化遗址的内涵、种类及分布特点

1. 湖湘红色文化遗址的内涵

"湖南红色文化遗址"是指中国共产党带领中国人民在湖南这片热土上进行新民主主义革命、社会主义革命和建设的过程中遗留下来的物质文化遗产。这些红色遗址是中国共产党带领中国人民在湖南这片土地上筚路蓝缕创造基业、进行艰苦卓绝斗争的历史见证。每一处遗址都是一笔红色财富，都是一个信仰熔铸点。

历史的烟云、起义的呐喊、厮杀早已消散，但当年的学校、书院、积谷仓、会议室、标语、武器等，都留存下来，被妥善保护、陈列，成为那

些峥嵘岁月的见证者。

2. 湖湘红色文化遗址的分类

（1）重要革命组织旧址

中国共产党8个早期组织中，有6个早期组织的创建或活动的身影中有湘籍先进青年。党的一大召开前，全国58名共产党员中，有20名湘籍共产党员。他们接受马克思主义理论的指导，确立了仿效俄国列宁之革命以改造中国与世界的远大志向，在湖湘大地上建立革命组织，开展轰轰烈烈的革命活动。这些重要革命组织旧址主要包括中共湖南省委旧址、中共湘区委员会旧址等。

中共湘区委员会旧址位于湖南省长沙市八一西路，是湖南省文物保护单位。该旧址是中共湖南支部秘密办公地，毛泽东和杨开慧曾居住于此。旧址原为清水塘22号，属一陶姓商人住宅，南北朝向，面积118平方米，是一座具有典型南方风格的二进三开间砖木结构的民居建筑。内墙为木质板材所隔，门窗采用镂空技术，同时用青砖砌成外墙，圈绕院落，显得十分雅致。堂屋右边第一间屋子是毛泽东与杨开慧的卧室兼办公室，他们的两个儿子毛岸英、毛岸青均出生于此。右边第二间屋子是杨开慧的母亲杨老太太的住房，堂屋左边第一间屋子是客房，许多到湘区汇报工作或参加会议的同志如李立三、刘少奇等曾在此休息和住宿；左边第二间屋子是秘密会议室。

中共湘区委员会在地因处长沙小吴门外，因此在1938年的长沙"文夕"大火中未被烧毁，是十分珍贵的原迹，成为长沙市唯一一处保存下来的革命历史建筑物。2016年，中共湘区委员会旧址被列入《全国红色旅游经典景区名录》。

（2）重大革命事件旧址

湖南是中国近代革命的主要策源地、发生地，秋收起义、平江起义、湘南起义、通道转兵等重大革命事件及无数革命活动，在三湘四水留下了大量的历史印记。在湖南的重大革命事件旧址主要包括秋收起义文家市会师旧址、中央红军长征通道转兵旧址、宜昌年关暴动指挥部旧址等。

秋收起义文家市会师旧址位于湖南省浏阳县文家市镇人民路33号，背靠文化山。旧址原为一所古老书院，创办于清道光二十一年（1841年），初名文华书院，1908年改为里仁学校。1927年9月，秋收起义部队在里仁学校会师，毛泽东主持前委会议，及时作出从进攻大城市转为向农村进军的决定，初步形成了农村包围城市的战略思想，中国人民革命史决定意义的新起点。

1961年，秋收起义文家市会师旧址被国务院列为第一批全国重点文物保护单位。1995年，旧址被中共湖南省委宣传部公布为爱国主义教育基地。2016年12月，秋收起义文家市会师旧址被列入《全国红色旅游经典景区名录》。

（3）重要革命人物故居旧居

湖南是伟人之乡，又是将帅故里，1955年授军衔时，湖南籍的将帅非常多，包括3位元帅、6位大将、19位上将、45位中将、129位少将。这里涌现出一批又一批推动历史进程的杰出人物，是很多党的早期领导人及革命先烈的出生地。如湘潭毛泽东同志故居、彭德怀同志故居，宁乡的刘少奇同志故居、谢觉哉同志故居，长沙市的蔡和森故居、李富春故居，长沙县的杨开慧故居、田汉故居，衡阳的罗荣桓故居、夏明翰故居等。

毛泽东同志故居位于湖南省韶山市韶山乡韶山村土地冲上屋场，坐南朝北，属于土木结构的"凹"字形建筑，东边是毛泽东家，西边是邻居，中间堂屋两家共用。总建筑面积472.92平方米。1929年，故居被国民党政府没收，遭到破坏。1950年按原貌修复。1961年被中华人民共和国国务院公布为全国重点文物保护单位。1983年6月27日，邓小平在门额匾上题字"毛泽东同志故居"。1997年7月，故居入选中宣部首批全国爱国主义教育基地。

（4）重要革命纪念设施

党的历史上三湘大地曾发生过许多有影响的重大历史事件，由此留下为数众多弥足珍贵的红色文化遗址。如湖南烈士公园纪念碑、湖南醴陵烈士陵园、左权将军纪念碑、湘南起义纪念塔、华容县烈士陵园等。

湖南烈士公园纪念碑1959年建成，占地1080平方米。纪念碑为塔堂合一的现代建筑物，通高38.6米，分上下两部分。上部纪念馆，平面呈八方形，塔身南向正面嵌汉白玉碑心，镌毛泽东题书"湖南烈士公园纪念碑"手迹。下部纪念堂，平面为不等边八边形，出抱厦，堂四角有壁龛，后设祭堂，竖白玉石奠基碑一通，碑文：近百年来特别是近三十年来为中国人民解放事业而光荣牺牲的湖南人民英雄烈士永垂不朽。堂顶用斗拱、藻井。东西两厢为纪念陈列厅，陈列有郭亮、夏明翰、杨开慧等近百名湖南烈士的遗物、遗像以及全省7600多位烈士名册。塔堂均有明显收分，以示崇高。塔顶为朱色斗拱承八角绿琉璃攒尖宝顶，其余平顶，女墙上用绿琉璃镂空花脊。塔堂利用山势作台基，全部花岗石贴面。堂前石级两侧各置一石鼎，为整块花岗石琢成。除西、北、东为多层石级外，南向为月台，外以石栏、墀首壁龛和双折石级上下，更显庄严肃穆。

（5）重要革命纪念馆

湖南是一方红色沃土，承载了太多革命事迹、红色历史。在湖南这块英雄的土地上，留下了"断肠将军"陈树湘的壮怀激烈，留下了"半条被子"的鱼水深情。有中国共产党湖南历史展览馆、雷锋纪念馆、"半条被子的温暖"专题陈列馆等重要革命场馆。

中国共产党湖南历史展览馆，是全国中小学生研学实践教育基地、湖南省爱国主义教育基地、湖南省全民国防教育基地、湖南省优秀社会科学普及基地、井冈山干部学院现场教学点和湖南省直机关党员干部党性教育现场教学点等，还被授予第一次全国可移动文物普查先进集体（2017年）、湖南省爱国主义教育基地十大"魅力场馆"、湖南省先进基层党组织、湖南省文明窗口单位等。

中国共产党湖南历史展览馆以"敢教日月换新天——中国共产党湖南历史陈列"为展标，展厅面积约8000平方米，展线长1.6公里，以中共湖南历史发展脉络为主线，展陈了560多个湖南党史事件和480多位党史人物，全面展示中国共产党领导湖南人民革命、建设、改革所取得的辉煌成就和宝贵经验，是一部"走着读"的湖南地方党史，被誉为"湖南共产党员的精神家园"。

"共和国是红色的，我们不能淡化这个颜色。"中国共产党湖南历史展览馆坚持"党史姓党"，突出"党史为党"，强化"党管党史"，已发展成为集馆展、馆刊、红色基因库、微信公众号于一体的湖湘党史宣传平台，是"党和国家红色基因库"，在开展爱国主义、革命传统主题教育和各项专题教育中发挥着不可替代的作用，是宣传中共湖南历史、展示湖湘文化精神的重要窗口，现已接待海内外观众数百万人次。

"勿忘昨天的苦难辉煌，无愧今天的使命担当，不负明天的伟大梦想。"党史是最好的教科书，也是最好的营养剂和清醒剂。中国共产党在湖南波澜壮阔又绚丽多彩的历史，永远激励湖南人民为实现伟大复兴中国梦的湖南篇章而勇作贡献、砥砺前行。

3. 湖湘红色文化遗址的特点

湖南是党史资源大省，红色文化遗址类型丰富、数量众多、组合良好。

（1）类型丰富

湖南省红色遗址资源类型多样，既有自鸦片战争以来，为了国家昌盛和民族复兴而抛头颅、洒热血的大批仁人志士留下的艰难求索的足迹、可歌可泣的事迹及遗址或故居；更有中国共产党成立以来，中国共产党早期领导人和革命先烈故居、革命活动和重大历史事件遗址遗迹、中国革命纪念设施（墓地和革命公墓、陵园、纪念碑、纪念塔、纪念亭、纪念馆、革命伟人和早期领导人雕像），以及社会主义建设和改革开放时期承载了艰苦创业与改革创新精神的人物、事件和旧址等。

湖南这片热土，遍布着毛泽东、刘少奇、任弼时等老一辈无产阶级革命家的革命足迹。出席党的一大13名代表中，湖南籍占4名；党的"五大书记"中，有3名是湖南籍；10位开国元帅，湖南有彭德怀、贺龙、罗荣桓3位；10位开国大将，湖南有粟裕、黄克诚、陈赓、谭政、萧劲光、许光达6位；抗美援朝战争中，中国人民志愿军先后五位司令员都是湖南人。

五四运动时期，毛泽东、蔡和森等人在长沙发起成立新民学会，是当时影响最大的革命团体。

大革命时期，湖南工农运动风起云涌、狂飙突起，到1927年5月，湖南全省75县有65县成立了农民协会，会员600万人，占全国农协会员的60%以上，同时建立了31个地方执委会或县委，党员发展到2万余人，成为全国党员人数最多（6万）、党组织分布最广的省份。

土地革命战争时期，秋收起义队伍在湖南打出第一面工农革命军旗帜，湘南暴动打响了中国土地革命的第一枪，茶陵建立了最早的工农兵政府，桂东见证了我军第一条军规的诞生，通道转兵是红军长征中一次具有战略意义的伟大转折，成为中央红军从失败走向胜利的开端。

新中国成立以来，湖南杂交水稻研究和应用持续保持世界领先地位。中国首台千万亿次超级计算机"天河一号"、中国首条拥有完全自主知识产权的中低速磁浮列车都在湖南诞生。100 位为中国的成立作出突出贡献的模范人物和 100 位新中国成立以来感动中国人物中，湖南 26 人，"双百人物"数全国第一。

（2）数量众多

湖南是重要的红色资源大省，红色文化遗址众多。截至 2020 年，湖南境内发现的革命遗址、遗迹共有 2600 多处，不可移动革命文物达 1700 余处，其中已公布的全国重点文物保护单位 59 处，省级文物保护单位 311 处，国有可移动革命文物藏品 8 万余件套，革命博物馆纪念馆 66 家。星罗棋布的红色文化遗址遍布湖南 14 个市州，分布非常广，但多集中在大湘中、东片区和大湘西片区。

湘中、湘东地区伟人故居密集，如毛泽东同志故居、刘少奇同志故居，另外还有一些高级将领或主要政要的故居如彭德怀同志故居、左权故居、罗荣桓故居、徐特立同志故居、李立三故居等。

大湘西片区的红色遗址以贺龙故居为圆心，以湘鄂边根据地以及后来的湘鄂川黔根据地为主要分布区。1928 年 4 月 2 日，由贺龙、周逸群、贺锦斋等领导的桑植起义正式发动，工农革命军一举歼灭守城团防武装，夺取县城，随即建立了桑植县革命委员会。6 月，工农革命军发展到 1500 多人，开始了创建湘鄂边革命根据地的斗争。"贺龙两把菜刀闹革命"的故事在桑植县洪家关白族乡家喻户晓。深处武陵山北麓、澧水源头区域的洪家关，不仅是贺龙元帅的故乡，也是中国白族最北的栖息地。围绕桑植县的红色景点非常多，如贺龙故居、桑植起义旧址、贺龙刀劈芭茅溪盐税局旧址、中华苏维埃共和国六县联合政府旧址等。这些都是以贺龙领导的军队在湘鄂川黔边界进行艰苦卓绝斗争的遗迹。

湘西南则以红军长征时途经湖南发生的大小激战地为遗迹，如位于辰溪县的红二军团辰溪扩红旧址，芷江红二、六军团长征司令部旧址，洪江红二、六军团长征沅城会议旧址以及位于通道侗族自治县境内的新厂战斗旧址群、通道转兵纪念馆等，其中以通道转兵纪念馆最为出名。

（3）组合良好

湖南红色遗址资源与自然旅游资源交相辉映，与其他人文旅游资源相辅相成。长株潭地区，名人将帅辈出，红色遗址资源丰富而集中，同时也有炎帝陵、岳麓书院、湖南省博物馆、灰汤温泉、大围山、水府庙等高品位的自然与人文旅游资源；在张家界与湘西自治州，既有红二、六军团的根据地和众多革命史迹，又有武陵源世界自然遗产、凤凰国家历史文化名城、土家苗家风情、猛洞河等独具魅力的旅游资源；环洞庭湖区域既有湘鄂西根据地、湘鄂赣根据地、平江起义发生地，又有岳阳楼、洞庭湖、桃花源、张谷英村等旅游资源；湘南地区则有湘南起义发生地与莽山国家森林公园相伴，红军长征经过地老山界与南山牧场共存……这些组合良好的红色遗址资源、自然及人文资源极大增强了湖南在国内外的吸引力。

二、现实关切

本部分通过问卷调查了解大家对湖湘红色文化遗址的关注和了解程度，以提高实践活动设计的针对性和实践活动开展的有效性。

（一）红色记忆——湖湘红色文化遗址调查问卷

1.您的性别是（　　）

A.男　　　　　　　　　B.女

2.您是党员吗？（　　）

A.是　　　　　　　　　B.不是

3.您平时会去红色文化遗址参观吗？（　　）

A.经常（一年十次以上）

B.偶尔（一年一到两次）

C.不会去

4.近三年来，您最后一次去参观红色文化遗迹是什么时候？（　　）

A.最近一个月　　　　　B.最近一年

C.最近三年　　　　　　D.从来没去过

5.您了解自己家乡的红色遗址吗？（　　）

A.十分了解，能举出诸多例子

B.有一定了解，知道著名的遗址

C.基本不了解

6.您认为红色文化遗址重游活动是否有意义（　　）

A. 没有意义，仅仅是形式而已

B. 有一点启发作用

C. 有意义，尤其教育青年

7. 您参观红色文化遗址的原因是（　　）

A. 为了这段历史特意来此地参观

B. 旅行社安排（或其他组织）

C. 路过看看

8. 您在参观纪念馆之前是否了解所展出的相关历史？（　　）

A. 较为了解　　　　B. 有一定了解　　　　C. 几乎不了解

9. 您觉得参观红色景点或者红色根据地对您来说收获与意义是什么？（多选）（　　）

A. 重温革命史实，正视历史荣辱

B. 缅怀革命烈士，寻根革命情怀

C. 开阔视野，学会从历史的角度看待当今社会的问题

D. 体会不畏艰苦、拼搏奉献的红色精神并从中获得启发，指导个人生活

10. 您参与寻访红色记忆的方式是（　　）

A. 自行出游　　　　　　　　B. 单位组织出游

C. 家庭出游　　　　　　　　D. 追随红色旅游团的浪潮

11. 在参观红色文化遗址时，您侧重的是？（　　）

A. 激发生活斗志　　　　　　B. 革命历史

C. 红色情怀　　　　　　　　D. 仰怀革命烈士

E. 和别人拍照或者游玩

12. 您所了解的湖南本地红色文化遗址有多少？（　　）

A. 没有　　　B. 较少（1~3处）　　　C. 较多（3处以上）

13. 您认为湖湘红色文化遗址的保护完善吗？（　　）

A. 一点都不完善　　　　　　B. 基本完善

C. 非常完善　　　　　　　　D. 不了解

14. 您在探访湖湘红色遗迹时最大的感受是什么？（　　）

A. 了解许多历史，增加爱国情怀

B. 观赏革命遗址，开阔眼界，丰富阅历

C. 培养了艰苦奋斗、开拓进取、乐于奉献的精神

D. 体会旅游的乐趣

E. 枯燥乏味，浪费时间

1. 调查问卷的主要内容

红色文化认同感的调查问卷内容主要涉及对红色活动的态度和社会对红色文化的宣传程度、大众对红色文化的了解程度以及宣传红色文化的途径喜爱程度排名等。

2. 调查结果分析

我们将调查问卷分别根据性别和是否为党员分类，结果显示性别对红色文化认同感的影响并不大，而党员则明显比非党员对红色文化的认同感、了解度高出很多。

数据表明，大部分人对湖湘红色文化遗址有一定了解，但不够系统和深入。多数人认为红色旅游对于学习革命文化、传承革命精神、倡导积极向上的人生观和价值观以及加强爱国主义教育等有着重要作用。

（二）加强湖湘红色文化遗址保护与利用的路径

红色文化是珍贵的文化遗产和精神财富，每一处遗址都承载着一段厚重的历史，都有着许多可歌可泣的英雄故事。习近平总书记在主持中共中央政治局第三十一次集体学习时指出，"红色资源是我们党艰辛而辉煌奋斗历程的见证，是最宝贵的精神财富，一定要用心用情用力保护好、管理好、运用好"。[①] 湖南红色资源非常丰富，习近平总书记盛赞湖南"十步之内，必有芳草"，[②] 对湖湘红色资源保护利用提出了殷切希望。

1. "念旧"：保护红色遗址留住文化记忆

红色文化遗址，是历史的见证者和记录官。近年来，多地通过制定实施地方性保护条例，加大对红色文化遗产的保护力度，为红色文化遗产保护提供了法治保障。2021年7月30日，湖南省十三届人大常委会第二十五次会议审议通过了《湖南省红色资源保护和利用条例》《条例》成为湖南首部关于红色资源保护和利用的地方性法规。《条例》共六章四十三条，包含总则、调查与认定、保护与管理、传承与利用、法律责

---

① 2021年6月25日，习近平总书记在十九届中央政治局第三十一次集体学习时的讲话.

② 2020年9月16日，习近平总书记考察湖南省郴州市汝城县沙洲村时的讲话.

任、附则六方面，自 2021 年 10 月 1 日起施行。

《条例》明确县级以上人民政府应当按照分级分类原则对红色资源实施名录管理，并向社会公布。红色资源名录应当载明红色资源的名称、类型、历史价值、产权归属、保护责任人等内容，其中不可移动红色资源还应当标注地理坐标及相应的界址地形图。禁止擅自拆除、改（扩）建、迁移不可移动红色资源。《条例》要求，学校将红色资源传承纳入日常教学活动，通过组织学生参观红色遗址、旧址、纪念设施或者场所等方式，开展爱国主义、集体主义与社会主义教育。《条例》鼓励具备开放条件的红色遗址、旧址、纪念设施或者场所，按照国家有关规定，免费或者优惠向社会公众开放。法律责任方面，《条例》规定，破坏、损毁、侵占或者歪曲、丑化、亵渎、否定红色资源的，由有关红色资源管理部门责令改正；造成损失的，依法承担民事责任；构成违反治安管理行为的，由公安机关依法给予处罚；构成犯罪的，依法追究刑事责任，擅自设置、移动、涂污、损毁红色资源保护标志的，由县级人民政府文化和旅游部门责令改正，处二百元以上二千元以下罚款。

铭记历史，离不开那些唤起人们记忆的遗址。湖南近年来开展了一系列保护和修复遗迹、遗址、纪念陵园的工作。如修复洞口县江口镇抗日阵亡将士墓地，严控石材开发蚕食龙潭大捷抗战遗址，修缮麓山景区 6 处抗战历史遗迹等。其中，麓山景区修缮 6 处抗战历史遗迹具体如下：七十三军抗战阵亡将士公墓，主要修复墓塔基座正面损毁的铭刻，清理主体墓碑两侧墓，整理主体墓区南北通往纪忠亭、归宿亭的游道，按原貌修缮纪忠亭、归宿亭，整理周边环境。清风峡作战指挥部，主要是整理山洞洞口周边环境，在洞前适当位置立简介牌。原抗战指挥部、湖南省会警察纪念堂，主要是修缮主体建筑，整理建筑周边环境，修复建筑前麻石台阶步道，并在建筑内陈列有关长沙会战的文字图片史资以及部分实物。长沙会战碑，主要是修复碑体正反面损毁的文字，涂刷碑石特殊保护膜，并用玻璃框罩进行保护。阵亡将士名录碑，主要是按原始记录资料，重新把阵亡将士的姓名刻深，用墨绿色漆填写，使字迹清晰，并对碑面涂刷特殊石料保护膜。炮台、战壕遗址，在"炮台子"位置选择一段战壕和炮台遗址进行整理，在山崖巨石处做安全护栏，立简介牌。

2. "立新": 创新形式让红色文化"活"起来

2021年4月,省自然资源厅等部门联合发布了《湖南红色旅游地图》,地图精选出12条精品红色旅游线路,将湘赣边区、湘鄂川黔地区、长征路沿线等红色旅游资源串联,让游客可以沿着老一辈革命家成长的足迹,感受历史沧桑巨变,参与和见证乡村振兴。

湘潭市发挥"伟人故里"的红色资源优势,印发本土红色故事教育读本《韶山记忆》,在毛泽东同志故居、毛泽东同志纪念园、中共韶山特别支部历史陈列馆等景点的基础上,打造28个常学常新、情景交融的现场教学点,用好神舟十号载人飞船返回舱的资源,不断拓宽党史学习教育覆盖面。

益阳市打造青年毛泽东游学社会调查文化旅游精品线路,紧扣"青年毛泽东游学、开展社会调查研究"主题,为开展革命传统教育、爱国主义教育、青少年研学教育和党性教育提供综合全面、内涵丰富、形式生动的教育平台。

3. "传承": 点燃大家心中的"红色火种"

追求"高品位",使红色阵地"靓"起来。完善的设施和高水平的陈展,是彰显红色教育基地魅力、让每一个红色教育基地"靓起来"的重要前提。党的十八大以来,湖南累计投入26亿余元用于红色教育基地建设,以"韶山一号"工程建成开放为标志,各级各类红色教育基地在基础设施、陈列布展、人文景观、周边环境等方面均有了质的飞跃。湖南将实施全域旅游基地建设、红色经典旅游线路定制等战略,规划储备一批红色教育基地重点项目,积极争取中央财政支持和省级配套资金,加快大湘东红色旅游经济带、大湘西国家旅游扶贫试验区、湘潭(韶山)全国红色旅游发展示范区建设,推动湖南红色教育基地硬件设施的改善。

着力打造主题突出、导向正确、内涵丰富的精品陈列展览,鼓励引导有实力的场馆参评全国博物馆十大精品陈列展览。积极探索运用红网、新湖南等新媒体,为观众提供智慧化服务,以满足观众对公共文化的需求。重点打造罗霄山片区红色旅游脱贫示范区,精心组织红色文化旅游节,大力实施红色旅游品牌营销、红色旅游扶贫工程,充分发挥红色旅游产业的社会效益。

每一个红色足迹，都承载着中国共产党曾经受的艰难困苦，记录着先辈们创下的丰功伟绩，也传承着永垂不朽的民族精神。从历史烽烟中传承下来的红色精神，激励着中华民族奋发向上，激励着中国不断书写新辉煌。

第二节 实践课堂

一、实践任务

让学生在行走湖湘的过程中，研学党史、新中国史、改革开放史和社会主义发展史，开阔眼界，见证湖南在中国共产党领导下的快速发展与沧桑巨变，厚植家国情怀，增强历史使命感和责任感。

二、实践目标

（一）知识目标

了解湖南红色文化遗址及其价值。让学生深入了解、感受湖南志士仁人所作出的努力，增加对曾经生活在这片热土上的先辈们的了解。

（二）素质目标

增强家国情怀。通过湖南红色文化遗址研修，感受湖湘红色文化遗址的精神内涵，自觉继承革命先烈的优良传统，增进对党对社会主义的情感。

（三）能力目标

筑牢信仰之基、补足精神之钙。帮助学生从党史中汲取精神食粮，以史为镜，充分学习先进典型，汲取榜样先进力量，筑牢信仰之基、补足精神之钙、把稳思想之舵，做到心中有党、心中有民、心中有责。切实增强"四个意识"，坚定"四个自信"、坚决做到"两个维护"。

三、实践任务实施

（一）精心设计活动，契合时代主题

围绕"访湖南红色遗址"这一主线，积极打造情景交融、主题鲜明的实践课，使爱党、爱国教育"看得见、摸得着、感受得到"，真正入脑入心，并外化于行。

（二）认真组织活动，激发家国情怀

认真组织活动，通过走访湖南红色文化遗址，到韶山毛泽东同志纪念馆、彭德怀纪念馆、半条被子的温暖专题陈列馆、贺龙纪念馆、岳麓书院等场馆开展唱红歌颂祖国、红色故事我来讲、爱国诗词诵读等实践活动，激发家国情怀。

第三节　实践范例

一、实践背景

习近平总书记对传承红色文化高度重视，强调"要用心用情用力保护好、管理好、运用好红色资源"[①]，增强表现力、传播力、影响力，生动传播红色文化。

二、实践目标

围绕访"湖湘红色文化"这一主线，积极打造情景交融、主题鲜明的实践课——新民学会旧址暨蔡和森故居研学，使红色文化教育"看得见、摸得着、感受得到"，真正入脑入心，并外化于行。

三、场所简介

新民学会成立会旧址暨蔡和森故居是湖南省省级文物保护单位，位于长沙市岳麓区新民路社区新民路周家台子，旧址最早建于清朝末年。蔡和森1917—1920年为了在长沙求学，将全家从双峰迁往长沙，他的母亲葛健豪、妹妹蔡畅、姐姐蔡庆熙和外甥女刘昂一起租住于此，当时这里四周都是坟墓，地处荒凉，房租十分便宜。旧址原为当地农民为守祖坟盖的墓庐屋，房东是宁乡籍人，立了一块门匾"沩痴寄庐"，悬挂在旧址院墙的

---

① 习近平.加强文化遗产保护传承弘扬中华优秀传统文化［J］.求是，2024［08］.

槽门上，匾额大意是"一宁乡籍人寄住在看坟的房子里"。蔡和森在这里租住后，同学毛泽东、萧子升、张昆弟等经常到他家来聚会、他们经常进行三浴，即太阳浴、雨浴、风浴。每到星期六的下午，毛泽东等同学经常游泳横渡湘江，从一师学校来到蔡和森家，有时露宿在蔡和森家旁边的坟山上，畅谈通宵，有时露宿在岳麓山的爱晚亭，饿了采野果吃，遇上大风大雨，也不躲避；有意对着风吹雨淋，对着太阳晒，锻炼自己的体魄，陶冶自己的情操。

这些年轻人在这里探讨救国救民的道理，开始酝酿成立革命社团。1918年4月14日，新民学会成立会在蔡和森故居的堂屋里召开。以后，这里便成为新民学会的会址和活动场所。

1918年春天，毛泽东、蔡和森从周家台子出发，沿洞庭湖东南岸经湘阴、岳阳、平江、浏阳几县，游历了半个多月。他们外出游学时，带一把雨伞、一双草鞋子、一个挎包，装着简单的换洗衣服和文房四宝。当时湖南俗话称"游学"为"打秋风"，指穷知识分子靠作点诗，写几个字送给乡里的土财主，换几个钱糊口，同时代人写信，形同乞丐。毛泽东他们的游学多了些内容，他们经常和农民交谈，了解民情，宣传新思想。毛泽东、蔡和森的外出游学，实际上是他们最早的社会调查，这使他们了解了大量的民情习俗和社会状况，为他们以后参加社会变革，领导中国革命奠定了重要基础。

为了纪念新民学会的功绩，教育启迪后人，湖南省人民政府于1983年将新民学会旧址再次公布为省级文物保护单位，并于1986年拨专款将旧址按原貌修复，同时保存了当年的坟墓。按原貌复建后旧址占地约175平方米，坐北朝南，有堂屋、正房、厢房、杂屋等。房屋结构为竹木结构，木排架、竹织壁、小青瓦屋面；房外有竹篱院墙，前有槽门、水井。南边有菜地（当年毛泽东和蔡和森曾在菜地上进行过劳动）。故居古朴典雅，具有典型的南方普通农舍的特点。整个旧址按原貌布置陈列，有蔡和森等的住房和成立会会议房间，纪念馆东向建有辅助陈列室。

1985年邓小平、陈云同志分别为新民学会题词"蔡和森故居""新民学会成立会旧址"；1993年长沙市政府将通往纪念馆的道路命名为新民路，也就是现在岳麓山东大门往湘江方向的道路，旧址纪念馆附近的新民小学、新民生产队、新民社区，都是因为新民学会而得名；2005年，长沙市人民政府再次投入资金，全面维修了新民学会纪念馆，扩建了陈列室，更新了陈列展览，改善了环境，使纪念馆成为一处集文物、旅游、休闲于一体的人文及自然景观，成为长沙历史文化名城中的一个亮点。

四、实践主题

听"建党先声"，记为民初心。

第四节　教学延伸拓展

湖南省主要红色文化遗址一览表

位置[市县（区）]	资源名称	数量
长沙市	岳麓山风景区（橘子洲头）、湖南第一师范旧址、雷锋纪念馆、湖南烈士公园、新民学会旧址、船山学社、清泉古寺、清水塘、李富春故居、肖劲光故居、中共湘区委员会旧址、八路军驻湘通讯处、妇女缝纫合作社	13
浏阳市	秋收起义文家市会师旧址、胡耀邦故居和纪念馆、大围山国家森林公园、锦绶堂、王震故居、王首道陵墓、李白故居、铁炉冲陈宅、平安洞、围山书院、白沙乡刘家祠堂、浏北烈士陵园、烈士公园	13
宁乡县	刘少奇故居和纪念馆、谢觉哉故居、何叔衡故居、杜家山抗日阵亡烈士纪念馆	4
长沙县	杨开慧故居和纪念馆、黄兴故居、许光达故居、徐特立故居、李维汉故居、柳直荀故居	6
茶陵县	茶陵县工农兵政府旧址、毛主席在茶居室、茶陵县烈士陵园、湖口挽澜旧址、湾里红军村、红军学校（列宁高级小学）	6
炎陵县	湘南起义旧址群——洣泉书院、红军标语博物馆、红军标语楼——江家书院、红军战斗旧址——接龙桥、毛泽东主持连队第一次建党旧址——叶家祠、工农革命军第一军第一师第一团团部旧址——朱家祠、毛泽东旧居——桥头江家、第一次插牌分田联席会议旧址——中村周家祠（含周南学校）、毛泽东给部队上政治课旧址——中村八担丘	9

续表

位置[市县（区）]	资源名称	数量
醴陵市	李立三故居、先农坛	2
株洲县	杨得志故居、伏波公园、仙井革命烈士陵园	3
湘潭市	湘潭市烈士公园	1
湘潭县	彭德怀故居和纪念馆、德怀陵、周小舟故居	3
湘乡市	东山书院、韶山灌区、黄公略故居、陈赓故居、谭政故居	5
韶山市	毛泽东故居和纪念馆、滴水洞、毛泽东纪念园、毛泽东诗词碑林、韶山烈士陵园、韶山毛泽东广场，韶山毛泽东图书馆	7
衡阳市	陆家新屋——衡阳保卫战纪念馆、南岳忠烈祠、衡阳抗战纪念城景区、湘南学联	4
常宁市	水口山红色工业旅游区	1
耒阳市	耒阳市党史陈列馆（培兰斋）、谢维俊故居	2
衡东县	罗荣桓故居和纪念馆、欧阳海纪念馆、柴山洲特别区第一农民银行	3
衡南县	桐梓山工农游击队根据旧址	1
衡阳县	夏明翰故居、夏明翰纪念广场及文化馆、洪市烈士公园、文德烈士公园	4
衡山县	毛泽东考察湖南农民运动旧址—康王庙、唐群英故居	2
祁东县	衡宝战役人民解放军祁东战地医院旧址	1
南岳区	游击战干部培训班旧址	1
邵阳市	蔡锷故居纪念园、蔡锷故居文化博览园、八路军驻湘办事处	3
新宁县	新宁县宛旦平烈士故居红色旅游景区	1
城步苗族自治县	城步南山高山红哨、城步南山老山界、城步南山牧场老场部	3
武冈市	中山堂、武冈城墙、武冈历史纪念馆	3
邵阳县	塘田市战时讲学院、五龙岭烈士公园	2
邵东县	贺绿汀故居、团山烈士陵园、匡互生纪念园	3

续表

位置[市县(区)]	资源名称	数量
洞口县	肖氏宗祠、高砂镇曾八支祠、红军烈士墓、癞子坳革命烈士墓、红军亭、古楼乡革命烈士墓、江口镇解放战争革命烈士纪念塔、毓兰镇红军长征遗迹、江口镇抗日阵亡将士纪念碑、醪田镇红军桥、花园镇红军桥、洞口塘抗战遗址、桐山乡马颈骨抗战遗址、月溪乡山高坳抗战遗址、毓兰镇抗日战争遗址	15
绥宁县	寨市邓小平指挥所、黄桑红军路	2
隆回县	魏源故居、谭人凤故居、红二军团贺龙鸭田战斗指挥所旧址、邹汉勋故居、魏光焘(魏午庄)故居	5
岳阳市	周逸群烈士墓	1
平江县	平江起义旧址、新四军平江通讯处旧址、平江县天岳关抗日战场旧址、平江惨案旧址及纪念馆	4
汨罗市	任弼时纪念馆、任作民故居、玉池山任弼时祖墓、八景烈士陵园、新市古镇抗日烈士纪念塔	5
华容县	华容县博物馆、明碧山革命根据地、七女峰抗日遗址、方之中将军旧居	4
岳阳县	大云山三战三捷摩崖石刻、岳阳县博物馆	2
临湘市	棋子山抗日遗址、中共小沅支部旧址、中共白羊田地下党支部旧址	3
常德市	常德会战抗日纪念碑、河洑快乐谷红色基地、东方红博物馆	3
临澧县	林伯渠故居和纪念馆、临澧县博物馆	2
桃源县	翦伯赞故居	1
汉寿县	帅孟奇纪念馆	1
澧县	毛泽东红色文物纪念馆	1
桑植县	贺龙故居和纪念馆,红二方面军长征出发地陈列馆,红二、六军团长征出发地旧址	3
益阳市	山乡巨变第一村、691(四方山)马公基地、何凤山先生纪念馆及纪念墓地、益阳市达人袜厂、益阳兰溪金家堤村	5

续表

位置[市县（区）]	资源名称	数量
南县	南县德昌公园、厂窖惨案遇难同胞纪念馆	2
郴州市	湘南起义纪念馆、湘南起义旧址群——郴县苏维埃政府旧址（陈家大屋）	2
宜章县	湘南年关暴动指挥部旧址、邓中夏故居、中共宜章县委旧址、玉公祠、彭氏宗祠、清白堂、工农革命军后方营医院旧址、后坛岩工农革命军兵工厂遗址、肖新槐故居、欧阳毅故居、张际春故居、曾日三故居、吴仲廉故居、彭儒故居、陈东日故居、刘云故居	16
永兴县	黄克诚故居、马三旅游公路、板梁古村中村祠堂	3
嘉禾县	嘉禾县萧克将军故居	1
汝城县	湘南起义"汝城会议旧址群"、湖南·汝城长征第二道封锁线主战场景区、文明乡沙洲村景区	3
桂东县	"三大纪律·六项注意"颁布旧址群、邓力群同志故居、中国工农红军先遣队——红六军团誓师西征地旧址群、毛泽东迎还红军大队旧址群、龙溪红色经典景区、陈奇故居、红军湘粤赣边区游击支队活动旧址群、三五九旅南征北返宿营地、湘南游击队组建和授枪旧址、工农红军战斗遗址、中国共产党西边山边区委员会旧址、桂东县武装起义旧址	12
安仁县	轿顶屋、唐天际故居、羊脑福星、杉木坨	4
永州市	李达故居	1
祁阳县	浯溪碑林风景名胜区（陶铸故居）管理处、陶铸铜像和陶铸陈列馆	2
东安县	树德山庄、舜皇山老山界景区	2
宁远县	水市革命烈士陵园	1
江永县	红一方面军长征过永明（江永）线路、红军树	2
江华瑶族自治县	李启汉故居、红七军十九师政治部旧址、江华故居、红七军会议旧址（文庙）、小坪烈士纪念碑	5

续表

位置[市县（区）]	资源名称	数量
道县	何宝珍故里、豪福指挥部旧址（抢渡湘江命令发布处）、红军三十四师师长陈树湘烈士墓、红军墙、红六军团抢渡潇水茶园指挥部旧址和茶园渡口、红军禾塘决策旧址	6
新田县	红六军团小源会议旧址、蒋先云故居、郑作民故居、革命英烈纪念馆	4
蓝山县	洪观解放军墓、岸山红军烈士墓	2
通道侗族自治县	通道恭城书院、通道转兵纪念馆、东岳宫、梨子界红军烈士墓、小水战斗纪念碑、宝庆会馆	6
芷江侗族自治县	中国人民抗日战争胜利受降纪念馆、湖南抗日战争纪念馆、飞虎队纪念馆	3
溆浦县	向警予同志纪念馆、龙潭抗日阵亡将士陵园	2
会同县	会同县粟裕故里红色旅游资源	1
麻阳苗族自治县	滕代远故居、滕代远纪念馆	2
洪江市	安江农校纪念园、雪峰山国家森林公园、沅城古村、洪江区商达小学旧址	4
沅陵县	沅陵湘西剿匪胜利纪念园、白岩王家大院（红二六军贺龙指挥部）、金氏宗祠、火场红色根据地、凤凰山森林公园、湘西宗教文化街	6
辰溪县	辰溪县湘西剿匪胜利公园、辰溪县椅子山革命烈士陵园	2
娄底市	娄底振翮学校、贺国中故居	2
新化县	罗盛教故居、罗盛教纪念馆、红二军团长征司令部旧址、洋溪万人坑、陈天华故居、陈正湘将军亭、方鼎英故居	7
双峰县	蔡和森纪念馆、蔡和森蔡畅故居、秋瑾故居、唐群英故居、衡宝战役遗址、大村地下党支部旧址、湖南省委旧址、烈士公园	8
涟源市	三甲古村落群、茶马古道	2
冷水江市	羊牯岭碉堡、革命烈士纪念碑、中共第一个企业党支部诞生地旧址、长征时红军路过的锡矿山驻扎过的遗址、忆苦窿	5

续表

位置[市县（区）]	资源名称	数量
永顺县	中国工农红军第四分校旧址、湘鄂川黔革命根据地纪念馆、中共湘鄂川黔省委旧址、湘鄂川黔革命委员会旧址、中华苏维埃湘鄂川黔军区旧址、中国工农红军党校旧址、中国工农红军医院旧址、中华苏维埃湘鄂川黔兵工厂旧址、轿顶山红军战场遗址、国家级烈士纪念设施烈士陵园、中华苏维埃郭亮县旧址、十万坪大战旧址、十万坪大战指挥部旧址、连洞红军墙标语、永顺县烈士陵园、红军五连洞	16
龙山县	中共湘鄂川黔省委、省革命委员会、省军区旧址，红二、六军团兵工厂旧址，红二、六军团医院旧址，中华苏维埃龙山县革命委员会旧址，红二、六军团军部旧址，方汉英烈士陵园，红军学校旧址，红二、六军团供需部旧址，贺龙桥，红军渠，贺龙钓鱼台、红军洞，湘鄂川黔省军区特务连旧址，红军标语遗迹	13
合计	310	

资料来源：湖南省红色旅游发展规划（2016—2020）。

参考文献

1.湖南省红色资源保护和利用条例，湖南日报

2.湖南省红色旅游发展规划（2016-2020），湖南省文化和旅游厅网站 http://whhlyt.hunan.gov.cn/xxgk2019/ghjh/201909/t20190910_5458214.html

3.大湘东大湘西地区红色旅游点最密集，潇湘晨报 http://epaper.xxcb.cn/xxcba/html/2021-02/06/content_3044542.htm）

4.湖南卫视新闻联播 http://yjt.hunan.gov.cn/yjt/xxgk/gzdt/ajyw/202103/t20210317_14870758.html）

专题五

读湖湘红色故事

第一节 实践导学

习近平总书记2020年9月在湖南考察时指出："湖南是一片红色热土，大批共产党人在这里谱写了感天动地的英雄壮歌。"① 百年来，无数共产党人在拼搏奋斗历史中谱写了一个个可歌可泣的湖湘红色故事，用好讲好湖湘红色故事，是开展湖湘红色文化专题实践研修的一种有效形式。

一、理论要点

列宁指出："没有革命的理论，就不会有革命的运动。"② 将湖湘红色故事运用于湖湘红色文化专题研修，首先要对其进行学理分析。只有对湖湘红色故事的内涵、讲好湖湘红色故事的原则等有了系统、充分的认知，才能奠定红色故事运用于专题实践研修的理论基础。

（一）湖湘红色故事的内涵

湖湘红色故事是由湖湘、红色故事复合而成的概念或范畴。目前，红色故事在学界还没有统一的标准定义，学者对于红色故事概念的界定也各不相同。有学者认为"红色故事是发生在中国各个历史时期，以正义、英勇、爱国、献身、激励等的正面故事"③。还有学者认为，从广义上来讲，

---

① 习近平.论中国共产党历史［M］.北京：中央文献出版社，2021：285.

② 中共中央马克思恩格斯列宁斯大林著作编译局编译.列宁选集（第1卷）[M].北京：人民出版社，2012.

③ 高昕，浅谈如何讲红色故事传红色基因［J］，科学大众（科学教育），2018，（08）：24

红色故事就是中国共产党领导人民争取国家强大、民族振兴、人民幸福的可歌可泣的革命故事，蕴含着革命精神，昭示着时代价值，是中国故事的重要组成部分。红色故事包括党的故事、革命的故事、根据地的故事、老一辈革命家的故事、英雄和烈士的故事等。

湖湘红色故事是湖湘红色文化的重要组成部分，是以毛泽东、彭德怀、贺龙等一大批湘籍无产阶级革命家为代表的共产主义战士与湖南的先进分子和人民群众，为追求中华民族复兴、实现国家繁荣富强而英勇斗争的革命故事。湖湘红色故事丰富多彩，那些重大历史事件的纪念馆、纪念碑、革命遗址、文物和文献资料、历史人物故居等记载的都是一个个鲜活的湖湘红色故事。

（二）实践教学中开展湖湘红色故事专题研修的意义

纵览历史长河，湖湘大地遍布革命先辈的红色足迹，热土潇湘矗立着共产党人信仰的丰碑，三湘四水传颂着革命先烈的动人故事。湖湘红色故事是落实实践教学育人使命的天然载体。

1. 讲好湖湘红色故事，契合实践教学的时代要求

习近平总书记非常重视思政课的实践教学。2020年9月，习近平总书记再次踏上湖南这片红色热土，重温了"半条被子"的故事，对湖南红色故事如数家珍，并嘱托要用好红色资源，讲好红色故事，搞好红色教育，让红色基因代代相传。2022年8月，教育部等十部门印发了《全面推进"大思政课"建设的工作方案》，该方案强调"大思政课"突出实践导向，要充分调动全社会力量和资源，建设"大课堂"，构建实践教学工作体系，落实思政课实践教学学时学分，组织开展多样化的实践教学，建好用好实践教学基地，做优一批品牌示范活动。

红色故事作为最直接、最具象、最可近距离接触和感受红色精神的重要载体，是常学常新的生动教材，更是培育时代新人、传承和弘扬伟大建党精神的重要抓手。新时代，我们要搞好实践教学，要紧跟时代，与时俱进，深刻理解和把握思政课本质，要把科学的理论和生动的现实有机结合起来，把课堂教学和实践教学有效利用起来，在学时、内容、主题、方式等方面做细、做实实践教学改革，充分利用好湖湘红色故事，发挥好实践教学的功能。

2. 讲好湖湘红色故事，契合高校思政课实践教学的育人使命

高校思政课实践教学作为开展思想政治教育的前沿阵地，在传播知识的同时更兼具理论武装、价值引领与立德树人等重要使命。中国共产党风华百年，创建于近代中国风雨如磐的革命年代，开展"四史"教育不可忽略党在革命斗争时期的历史实践。革命斗争时期的湖湘红色故事沉浮在跌宕起伏的历史中，涌现出独具一格的人、事、情、理，其内涵意蕴闪耀着中国共产党卓越的理论智慧，反映了中国共产党可歌可泣的奋进历程，铸就了中国共产党鲜红明亮的文化底色，凸显着中国共产党历久弥新的价值追求和向上向善的精神风貌。湖湘红色革命故事是高校思政课实践教学品味理论硕果、探照历史轨迹、增厚文化基底、传承红色基因的重要内容，讲好湖湘红色革命故事与高校实践教学育人使命高度契合，对于满足引导大家掌握马克思主义中国化理论成果、了解中国共产党砥砺拼搏历程、涵育社会主义核心价值观、宣扬爱国爱党爱民情怀等思想政治教育追求意义深远。

3. 讲好湖湘红色故事，有利于增强实践教学的亲和力和说服力

湖湘红色资源中包含有众多生动和感人的湖湘红色故事：从陶铸的"如烟往事俱忘却，心底无私天地宽"到许光达的"让衔、让级、让位"；从徐特立的"革命第一，工作第一，他人第一"到谢觉哉的"为党献身常汲汲，与民谋利更孜孜"；从彭德怀的"请为人民鼓与呼！"，再到胡耀邦的"心在人民，利归天下"……他们服务人民的公仆情怀、淡泊名利的崇高境界、廉洁修身的道德操守、艰苦奋斗的优良作风等，使实践教学既"有意义"又"有意思"。讲好湖湘红色故事，第一，要结合学生感性认知特点，依托湖湘革命遗址、故居、纪念馆等红色基地开展专题实践研修，营造深入开展实践教学的积极氛围。第二，要创新教学方法和手段，激发学生的感性认知，依托湖湘革命遗址、故居、纪念馆等红色基地开展专题实践研究，在专题研修中融入相关话题讨论、辩论、情景表演等活动，多措并举增强湖湘红色故事的感染力和说服力，增强实践教学的吸引力与亲和力，让学生在深刻理解和灵活运用红色故事的过程中感知思政课的可亲、可学、可信、可用。第三，创新湖湘红色故事的语言表达。语言接地气，课堂才能"冒热气"，课程才能聚人气。创新讲述方式，让学生坐得住、听得进、记得牢，用思想的温度和理论的力量，引导学生在湖湘红色故事的学习中汲取智慧和力量。

湖湘红色故事是中华民族宝贵的精神财富,是实践教学的"教学富矿"。将生动鲜活的湖湘红色故事融入思政课实践教学,让学生更加了解湖湘红色文化,在具体的湖湘红色故事中深化对理论的认知,做到"润物无声",真正增强实践教学的亲和力和吸引力。

4. 讲好湖湘红色故事,有助于引导学生理解与认同党的科学理论

湖湘红色故事见证了湖南的百余年沧桑和巨变。实践教学要讲好湖湘红色故事,要把湖湘红色故事放到党的百年奋斗史中去深入理解和全面把握,认识到在中国共产党的领导下中华民族从站起来到富起来、强起来的艰辛过程。读懂了湖湘红色故事,读懂了湖南这段血与火的历史,就会更加深刻体会到什么是革命理想高于天,更加深切懂得红色政权来之不易、新中国来之不易、中国特色社会主义来之不易,从而更好地把握湖南在各个历史时期所起到的作用、所作出的贡献,更好地把握当前湖南所处历史方位、所负历史责任,进一步增强历史主动和历史自觉。

如通过讲授湖湘红色故事,引导学生理解历史和人民为什么选择了马克思主义。巴黎和会外交失败及北京五四游行示威消息传入湖南后,以学生为主的先进知识分子纷纷集会示威,揭露北洋军阀政府的卖国罪行,号召各界人士关心民族存亡,传播马克思主义等,认识到近代先进知识分子选择、接受、传播马克思主义具有历史的必然性。具体来说,梳理以毛泽东、蔡和森等为代表的湖南先进知识分子转变为马克思主义者的心路历程故事,使学生深刻认识到,近代以来中国人学习西方的尝试屡遭失败,先进分子对资产阶级共和国方案产生疑问,巴黎和会上中国外交失败打破了中国知识分子对西方列强所鼓吹的"世界公理"的幻想,开始倾向并接受马克思主义。与此同时,俄国十月革命的胜利使先进知识分子看到了国家出路的新希望。讲清楚毛泽东、蔡和森等人成长为马克思主义者的思想历程故事,领悟马克思主义之所以能在近代中国得以传播、发展正是历史和人民的选择。

以湖湘红色故事为主题的实践研修,能够通过课堂学习与课外活动的相互协调、显性教育与隐性教育的相互渗透、理论教育和实践教育的相得益彰,实现"学、研、用"相结合,增强红色文化育人的渗透性和覆盖面,增进学生对马克思主义及其中国化时代化的理论成果的认同。

(三)实践教学中讲好湖湘红色故事的原则遵循

湖湘红色故事是实践教学实现育人效果的优质资源。习近平总书记深刻指出:"讲故事就是讲事实、讲形象、讲情感、讲道理,讲事实才能说服人,讲形象才能打动人,讲情感才能感染人,讲道理才能影响人。"[①] 要讲好湖湘红色故事,发挥好湖湘红色故事的作用,需要在充分运用好唯物史观这一根本方法的基础上,坚持尊重事实与创新方式相统一、情感引领和理论认同相统一,从而激发湖湘红色故事的说服力、吸引力和感染力。

1. 坚持尊重历史与创新方式相统一

湖湘红色故事是湖南在革命艰难时期不懈奋斗的真实写照和历史反映,实践研修中讲好湖湘红色故事要依据事实进行故事筛选,也要根据需要创新方式进行故事演绎。这就要求教师根据专题研修的内容设置和教学目的,在尊重史实和事实的前提下,讲好、讲活红色故事。

讲史实、讲事实,以历史的眼光讲实红色故事。唯物史观是共产党人认识把握历史的根本方法,也是讲好湖湘红色故事的重要遵循。讲好湖湘红色故事,切忌用孤立、静止、片面的思维方式看待历史事件。在专题研修中,讲好湖湘红色故事,不能只是对故事的简单复述,教师要深入革命老区,走访革命故里,查阅历史文献,考究经典案例,在注重史实、依照事实的基础上,依托丰富的湖湘红色文化资源,搜集、梳理恰当的红色故事素材,使其既能恰到好处地贴合专题研修教学,又能与对应的课程章节和系统化的课程教学无缝衔接,使大家在聆听"红色故事"的过程中感悟湖南的革命道理、深悟历史大势。

创新叙事方式,以"新面貌"呈现红色故事。湖南是红色革命根据地,拥有丰富的经典红色故事。开展专题研修,如何在讲述这些经典红色故事时让大家听得进、记得住、传得开呢?教师需要选择恰当的湖湘红色故事的主题、发掘独特的人物形象、找准新颖的叙事方式、宣传深刻的故事内涵,把红色故事讲得新鲜、生动、有趣,使"老故事"呈现出"新面貌",使其焕发出时代的活力和生机,直击内心。

---

① 中共中央文献研究室编. 习近平关于社会主义文化建设论述摘编[M]. 北京:中央文献出版社,2017:217.

2. 坚持微观讲点和宏观带面相统一

讲好湖湘红色故事，不仅是为了铭记历史，更是为了开创未来。在百年党史中，湖南书写了浓墨重彩的一页，一个个可歌可泣、感人肺腑的湖湘红色故事构成了宏大的历史画卷，这就决定了这些故事之间不是孤立存在而是相互联系的。因此，在讲述湖湘红色故事的过程中，一方面教师要微观讲点，把红色故事本身讲准确。另一方面，教师还要宏观，讲出湖湘红色故事的精神高度、理论深度。一方面，教师视野要广，要有历史视野、国际视野，通过生动、深入、具体的纵横比较，把蕴含于故事中的道理讲明白、讲清楚；另一方面站位要高，深入提炼和挖掘红色故事的思想内涵，以精神品位升华故事的内容，以理论高度深化故事的主题，以时代站位凸显故事的价值。通过鲜活案例反映历史面貌、透过典型故事展现历史发展规律、运用科学思维把握历史大势，引导学生理解历史和人民为什么选择中国共产党、开辟和发展中国革命新道路的艰辛历程以及为什么说中国共产党的执政是历史和人民的选择等，达到"窥斑知豹"的教学目的。

3. 坚持情感引领和理论认同相统一

讲好湖湘红色故事，不仅在于触动大家的深层情感，使其在感人的英雄事迹中产生情感共鸣，还要把湖湘红色故事背后蕴含的道理、价值讲透，把学理阐释讲到学生心坎里。具体如下：

掌握故事主体的人物情感，激发情感共鸣。专题研修中，湖湘红色故事的讲述主要依托纪念馆、故居等湖湘红色场馆，有一定的代入感。故事讲述过程中，在充分了解学生特点和关切热点的基础上，根据故事的情感发展，设计好故事框架和讲述细节，找到故事与听众的"心灵共鸣点"，赋予历史故事以强烈的真实感和现场感，从而有效地使学生产生情感共鸣。

汲取故事背后的理论力量，提升理论认同。思政课的本质是讲道理，讲故事也是为了把道理讲透、讲活。湖湘红色故事的讲述不能仅仅满足于情感共鸣，还要理解湖湘红色故事产生的历史背景和发展规律，透过红色故事揭示故事背后蕴含的理论本质和价值，准确做到以事说理，使学生领悟"中国共产党为什么能，中国特色社会主义为什么好，归根到底是马克思主义行"①,达到理论认同的效果,真正发挥红色故事的教育功能。

4. 坚定理想信念和教育功能相统一

讲好湖湘红色故事,就要讲好中国共产党人自己的故事。宣传共产党员的优秀人物形象,实现"润物细无声"的政党认同。在讲述湖湘红色故事的过程中,首先要注意以真实可感的英雄事迹触动学生的深层情感,使其在感人的英雄事迹中形成对中国共产党的情感认同;其次,要塑造基层党组织的良好形象,积极吸纳优秀学生加入党组织,增强学生对共产党组织的认同;再次,将革命精神融入学生价值观教育,增强学生对党的核心价值观认同;最后,鼓励学生深入基层、积极参加社会实践活动,通过亲身实践将共产主义信仰内化于心、外化于行,达到对共产党人的行为认同。

彰显理想信念的强大力量,为学生成长成才提供思想保障。湖湘红色文化是新时代滋养和坚定理想信念的丰厚土壤。新形势下,面对全球化时代多元价值观的冲击和挑战、西方敌对势力层出不穷的意识形态渗透,以及网络新媒体空间各种错误思潮的不良影响,思政教育必须积极引进红色文化这一加强理想信念的"活水源头",以鲜活生动的湖湘红色故事感染和激励学生正确认识当前的形势,坚定马克思主义信仰,牢固树立远大理想。

汲取爱国奉献的精神力量,鼓励大家争做时代榜样。随着改革开放的不断深入和市场经济的持续发展,社会中出现了个别道德败坏的现象,在媒体的放大渲染下,在思想上造成了较大的影响。这就要求高校在开展思想政治教育的过程中,要有效利用红色资源,借助革命英雄人物无私的革命奉献精神和崇高的爱国主义情怀,培养学生的集体意识、奉献精神,增强爱国主义情感。

二、现实关切

在新的历史条件下,红色文化专题研修要紧跟时代发展,讲好湖湘红色故事也要结合学生思想变化的特点和关注的热点,想学生之所想,急学生之所需,办学生之所盼。为此,我们充分利用问卷调查了解学情,通过对问卷调查的数据进行分析和整理,总结学生关切。

---

① 习近平.高举中国特色社会主义伟大旗帜为全面建设社会主义现代化国家而团结奋斗——在中国共产党第二十次全国代表大会上的报告[M].北京:人民出版社,2022:16.

（一）故事内容有触动感

新时代的学生愈发表现出多样化、个性化的需求特征，湖湘红色故事丰富多样，讲述时以追求故事完整性和故事主题鲜明性皆已难以满足学生的学习期待。教师要精心挑选内容适配度高的湖湘红色故事，巧妙设计基于历史事实的故事发展情节，详略得当地渲染故事情境和细节，利用讲故事的传播策略和话语优势精准"满足"学生的学习口味，增强学生对红色故事和学理的兴趣与领悟，不断提高红色故事的吸引指数和感染魅力，引发情感共鸣，触及心灵。故事因触动而美丽，价值因认同而践行。

（二）呈现方式有科技感

新时代学生切身体验着科技给生活带来的"千变万化"，享受着科技带来的新鲜感。实践研修要主动拥抱新变化和新技术，将5G、VR（虚拟与现实技术）、人工智能、大数据等新技术引入实践课堂，在红色故事讲述的过程中营造出沉浸式、体验式和互动式的学习环境，通过科技带来全新体验，让湖湘红色故事"火起来"，实践研修课堂"炫起来"。比如把毛泽东在长沙求学经历做成VR，通过VR技术让学生身临其境地体验毛泽东在长沙的求学之路，感受伟人魅力。

（三）活动参与有角色感

思政课理论教学不能只是教师唱独角戏，实践研修也一样，要充分体现学生的角色参与。研修中湖湘红色故事讲什么、怎么讲等这些问题都可以先在学生中做一定的调研，充分发挥主体的角色作用，以学生的亲身参与、体验、探索为主，而不是静态地接受过程。同时，尽可能地为学生创造灵活参与活动的机会和平台，通过设置多样化的交流平台提高学生的参与率，形成实践教学的供给与需求的有效互动，从而增强湖湘红色故事的吸引力，提升实践教学实效。比如让学生参与组织研修或讲述家乡的红色故事等。

（四）活动形式有时代感

借助"互联网+""智能+"等信息技术手段，强化校企合作、校际协作，发挥专家、优秀校友、企业骨干、各地红色教育资源等的作用，积极拓展线上线下、校内校外、共建互融的实践教学新格局。同时依据问题驱动理念设计湖湘红色故事的实践教学思路，引导学生积极参与实践研修，做到马克思主义中国化时代化的最新理论成果和党的基本路线方针政策入耳、入脑、入心。

三、调查问卷

1. 您是（　　）

   A. 大一学生　　　　　　　　B. 大二学生　　　　　　　　C. 大三学生

2. 您的性别（　　）

   A. 男　　　　　　　　　　　B. 女

3. 您的籍贯是哪里？

   A. 湖南　　　　　　　　　　B. 其他

4. 您喜欢读湖湘红色故事吗？

   A. 非常喜欢　　　　　　　　B. 比较喜欢

   C. 一般　　　　　　　　　　D. 不喜欢

5. 您对湖湘红色故事的感兴趣程度（　　）

   A. 非常感兴趣　　　　　　　B. 比较感兴趣

   C. 一般　　　　　　　　　　D. 不感兴趣

6. 您觉得周围的人对湖湘红色故事的了解程度怎么样？

   A. 非常了解　　　　　　　　B. 比较了解

   C. 一般　　　　　　　　　　D. 不了解

7. 您通过以下哪些渠道学习湖湘红色故事？

   A. 报刊、书籍等纸质媒介　　B. 广播、影视等电子媒介

   C. 微信、微博等网络媒介　　D. 参观红色革命旧址或博物馆

   E. 红色故事主题体验馆　　　F. 红色实景游戏或剧场

   G. 其他

8. 您对微信等网络平台推送的湖湘红色故事的接受度怎么样？

   A. 仔细阅读　　　　　　　　B. 关注但不仔细阅读

   C. 不阅读　　　　　　　　　D. 反感

9. 您认为近几年社会对湖湘红色故事的宣传力度怎么样？

   A. 宣传力度很大　　　　　　B. 宣传力度一般

   C. 不了解　　　　　　　　　D. 从未听说

10. 您认为湖湘红色故事最能吸引您的元素是什么？

    A. 真实的历史性　　　　　　B. 生动的革命故事

C. 浓厚的历史情结　　　　　D. 对革命先烈的追思

E 其他

11. 您认为在当代如何能更好地宣传湖湘红色故事？

A. 加大社会宣传力度　　　　B. 增加学校教育系列课程

C. 邀请明星参与宣传　　　　D. 编写相关书籍

E. 出品更多相关电视剧、电影、动漫

F. 其他

12. 如果您参加湖湘红色故事专题实践研修，您更喜欢以什么方式参加？为什么？

第二节　实践课堂

将湖湘红色故事贯穿于湖湘红色文化专题研修的实践课堂中。不管是探寻湖湘革命人物、访问湖湘红色遗址、查阅湖湘红色家书，还是欣赏湖湘红色歌曲，这些不可磨灭的湖湘印记背后都离不开一段段敢为人先的湖湘红色故事。因此，如何将湖湘红色故事以恰当的方式呈现在实践课堂上需要进行系统分析。

一、实践任务目标

实践研修是实现教学目标的重要途径和手段。湖湘红色故事的实践研修，首先要明确其特有的任务目标。在知识目标方面，了解湘籍革命人士的英雄事迹，理解这些故事背后的革命精神，进而懂得湖南在中国共产党百年辉煌中的重要作用；能力目标方面，培养学生运用理论课堂的理论和立场分析湖湘红色故事的能力，提高透过湖湘红色故事探索历史发展规律、把握湖南发展大势的能力，进而增强观察社会、自觉抵制历史虚无主义的能力；情感目标方面，提升学生对湖湘红色故事背后的价值认同，形成湖湘英雄的榜样效应，厚植爱党爱国爱社会主义的情感，增强文化自信。

二、实践任务实施

湖湘红色故事的实践研修，一般以党史馆、纪念馆、红色遗址等为依托开展，具体实施时，在研修主题的设计、研修地点的选择、研修的组织和任务指导等方面要做好充分准备，以便更好更有效地开展研修。

（一）以教材内容为基础，以社会热点为切入口，设计研修主题

从思政课理论知识要点中选择实践主题，优化教学设计，实现理论与实践的有机衔接。在确定实践主题的基础上制定指南、方案和评价机制。以湖湘红色故事为方向开展实践选修，学生提议有随意宽泛、与理论课堂内容贴合度不高等不足，因此可以直接确定研修主题的方向。之后，需要考虑学生所关注的社会热点，把这些热点与教材内容结合起来设计研修主题。这样设计的优势在于以下两点。其一，回应学生的关切，用理论分析故事案例，以理论与案例互证的方式更能被学生理解。其二，便于查找素材。社会对热点问题关注度高，相关信息和评论丰富，可以非常便利地查阅资料、整理观点。比如，2020年，习近平总书记再次来到湖南，学生对习近平总书记在千年学府岳麓书院的考察调研非常感兴趣。在岳麓书院考察调研时，习近平总书记提到，毛泽东曾寄住在岳麓书院的半学斋，推开窗户就能看到悬挂于岳麓书院讲堂的"实事求是"匾额，深受影响，并强调，岳麓书院是党的实事求是思想路线重要策源地。于是，我们以"发扬红色传统，思想路线策源地求真理"为题开展实践研修，讲述毛泽东与"实事求是"的红色故事。这场实践研修，充分调动了学生积极性，学生参与度高，研修效果好。

（二）结合地方红色资源优势，做好任务指南，有效组织研修

红色是湖南的"底色"。从三湘四水走上历史舞台的共产党人如璀璨繁星，光彩夺目，是开展湖湘红色故事专题研修的重要基础。但在以往的研修中，我们发现学生喜欢走出校门、走向社会了解红色故事，但他们未必真正明白这些红色故事背后的道理。故事所带来的感动是真实的，却是短暂的，很难能外化于行，往往会出现"带着游玩的兴致去，怀揣莫名的结果归"的现象，未能真正达到专题研修的育人目的。细想，我们会发现，专题研修在开展过程中出现了问题。学生对整个专题研修主题的背景、具体内容、作用意义都没有全面而细致地了解，怎么会明白红色故事背后的道理和原理？毕竟"一见钟情"是少数，"日久生情"才是常理。因此，可在研修开展前，在学生熟悉方案的前提下，给参加研修的学生布置任务，或让学生阅读老师上传的相关资料并以评论的方式写简短的读后

感，或让学生观看老师指定的相关视频并以评论的方式写观后感，或让学生根据主题自编自导自演情景剧或小品，等等。由于在研修前学生已经对活动有了一定的认知，对红色故事现场活动的感受便更为真实和深刻。比如，2021年是中国共产党成立100周年，为庆祝中国共产党100周年诞辰，我们在"新民学会"旧址开展了以"建党先声地悟初心、传承红色基因"为主题的红色故事专题研修。"新民学会"旧址就在长沙，有距离近、红色故事典型等特点，适合组织开展红色故事主题研修。此次研修我们以学生自编自导自演小话剧的形式开展，以毛泽东和蔡和森相约建党为线索，通过故事的编排、人物形象的刻画以及生动的演绎，便能较好地理解以毛泽东、蔡和森等为代表的革命先辈的革命精神，以及湖南早期革命组织在革命运动中发挥的重要作用。

（三）引导辨析真伪信息，学会理性思辨，提高素养

在红色文化专题研修中，了解、学习湖湘红色故事，不仅可以帮助学生丰富湖湘红色文化知识，深刻理解故事背后的精神，同时，还可以帮助学生学会辩证地理性分析现实问题，避免历史虚无主义的侵蚀。

当今时代，网络的盛行使历史虚无主义在潜移默化中带来更加不可控、不可预测的恶劣后果。因此，可充分发挥专题研修的特点，在开展湖湘红色故事的专题研修前，教师在理论阐述的基础上合理安排小组的调研主题，以小组为单位布置小组作业，并且引导学生注重信息来源和科学方法。在专题研修开展过程中，教师选择恰当的方式呈现大家的调研结果，并进行引导和总结。例如，网络上曾有十大涉党史谣言，其一便是《沁园春·雪》的作者不是毛泽东，而是胡乔木。如何有理有据地辟谣？可选择在长沙的橘子洲头开展一次相关主题的湖湘红色故事专题研修，各小组根据老师布置的题目进行信息收集和整理，形成有理有据的报告，在开展专题研修时，教师可把小组成果以恰当的方式进行展示、评分，最后进行深入分析和总结。这种方式的实践教学，聚焦疑惑，客观全面、公正理性地呈现故事真相，与历史虚无主义论真假、争黑白，将虚无历史的危机转化为育人契机，助力学生提升辨析虚无历史的能力，提升认可度。

三、实践任务成果

实践任务成果的收集和整理是宝贵的实践教学资源。湖湘红色故事的专题研修成果大致可分为文字和视频两类。文字类成果包括专题研修方案、湖湘红色故事讲稿、剧本以及相关PPT（演示文稿）等，还可以把每期的专题研修准备和过程素材制作成视频。这些宝贵的资源将成为系列湖湘红色故事专题研修和红色精神传承活动最好的见证。若成效好，还可以形成特色红色品牌实践活动进行宣传、推广。

四、实践任务评价

实践任务评价作为实践教学中过程性评价的一部分，其评价结果是实践研修考核的一项重要依据。湖湘红色故事专题研修开展中，可在各学习小组中开展小组间组长互评，小组内成员互评以及教师对研修手册完成情况的评价等，各种评分按照一定比例折算成大家最后的专题研修成绩。

五、实践教学保障

湖湘红色故事专题研修的顺利开展，离不开思政课教师、经费和基地等重要教学保障。

思政课教师是专题研修顺利开展的人力保障。教师对专题研修的顺利开展和育人效果的实现等方面发挥着重要作用。一方面，教师指导一次专题研修，前后需要1—2周时间，需完成提前联络、申请经费、组织参观、评价研修成果、报销研修经费等繁琐工作；另一方面，教师还需认真指导研修过程中的活动，研修结束后对大家的研修情况进行整体评价，等等，因此，指导研修的教师积极性越高，研修质量越高，育人效果越好。

经费是专题研修顺利开展的物质基础。湖湘红色故事专题研修大多在校外，需要吃、住、行、门票等花费。经费的多少，将会影响到学生参加实践教学的积极性、教师指导实践教学的积极性，也会限制参加实践教学的人数。因此，目前思政课实践研修经费是实践教学中存在的一个亟待解决的问题。

实践基地是专题研修顺利开展的场所保障。湖南具有丰富的红色文化资源，《湖南省革命遗址普查报告》显示，目前湖南普查到的红色资源点有2095处，长沙就有275处，其中伟人足迹26处、名人故居22处、工农革命热土26处、革命烈士纪念地19处。利用好丰富的湖湘红色文化资源,并进行湖湘红色故事教学基地的有效建设,是有效开展专题研修的重要保障。

六、实践教学反思

(一)教师层面的反思

实践教学中,教师不仅扮演组织者的角色,还是传道授业解惑的师者角色。因此,教师可以从习近平总书记强调的"经师"和"人师"这两个层面进行反思。"经师"层面,主要指教师专业知识方面,即教师在研修前对实践教学中所涉及的湖湘红色故事以及相关的知识是否都有所了解,是否能够回答研修过程中学生提出的各种疑惑;在"人师"层面,实践教学中,教师离开传统课堂小讲台,迈向社会大讲台,是重要的组织者、参与者,教师的一言一行学生都看在眼里,记在心里,实践研修过程中,教师需反思是否做到了以德立身、以德施教、修身自律,是否是学生为事、为人的"大先生"。

(2)学习者层面的反思

教师可从以下两个方面对学生层面进行反思。一是否有参与感。教师要关注个体的独立性和主体性,实践研修活动形式的选择可以充分利用学生的专业和兴趣、特长等进行合理安排,让学生在教学活动中有满满的参与感。二是否有获得感。实践教学不是听故事,也不是参观游玩,是对理论教学的补充。教师要发挥实践教学隐形教育作用,让学生在"润物细无声"中加深对理论的认识,进而升华情感。

(3)实践教学实施层面的反思

实践教学实施层面的反思,一是专题研修的活动方案是否合理,活动的安排是否能够充分发挥学生的主体性作用,最大限度地调动了学生的积极性;二是专题研修的内容是否对接理论教学。思政课的本质是讲道理,讲、听湖湘红色故事,是帮助学生更好地理解教材的理论,是帮助教师把道理讲清楚的。三是专题研修的目标是否达成。通过专题研修实施过程中学生的反应、学生作品的质量、学生实践的书面反馈等,教师要反思知识目标、能力目标和情感目标是否达成。

第三节　实践教学范例

实践项目一：脚踏湖湘沃土　追寻红色初心

一、实践背景

2020年9月，习近平总书记来湖南考察，重温了"半条被子"的故事，对湖南红色故事如数家珍，嘱托要"把红色基因传承好"，[①]并强调思政教学要把课堂教学与实践教学有机结合起来，充分运用丰富的历史文化资源，紧密联系中国共产党和中国人民的奋斗历程，深刻领悟马克思主义中国化的内在道理，深刻领悟为什么历史和人民选择了中国共产党和社会主义。

二、实践目标

了解湖湘经典感人的红色故事，继承革命先烈的优良传统，从中汲取精神食粮，深刻体会中国共产党百年来艰难而辉煌的发展历程，从而帮助学生坚定理论自信、文化自信。

三、实践方案

时间：×年×月×日

地点：中国共产党湖南历史展览馆

形式：参观、学生进行红色故事志愿讲解、师生和讲解员现场交流

步骤一：确定主题。教师根据社会热点和学生关切，确定湖湘红色故事专题研修主题和研修地点，明确此次研修的目的和要求。

步骤二：确定故事。教师以湘籍革命人的初心为线索，根据查阅的相关资料和学习者学情，初步确定与湘籍革命人的初心确定紧密相关的典型湖湘红色故事。

步骤三：任务分配。依据各小组学习者实际情况，教师把选取的典型湖湘红色故事以小组为单位进行任务分配，发放研修手册，教师提供初步

---

① 习近平.在湖南考察时强调在推动高质量发展上闯出新路子谱写新时代中国特色社会主义湖南新篇章［N］.人民日报，2020-09-19（1）.

查阅的相关资料。各小组可在教师的建议下自行选择故事展现形式,可以是红色故事志愿讲解、宣讲,也可以以情景剧、话剧等。

步骤四:任务准备。各小组根据自己的故事主题和形式,以学生自主创作为主,教师指导为辅,完成故事讲稿并熟悉内容;选择情景剧或者话剧的小组还需利用课后时间进行排练。

步骤五:活动实施。依据实践方案确定的研修安排,教师组织学生开展研修活动。研修安排表见表 5-1。

表 5-1 湖南省党史陈列馆专题研修安排表

活动主题	活动内容	活动要求	指导教师
参观	专业讲解员讲解,师生认真学习	全程保持安静,手机调为静音,紧跟大队伍,不随意走动	全体参与教师
志愿讲解	"半条被子"的故事	1. 教师指导自己负责的小组作品; 2. 学生填写实践手册并按要求完成任务	—
	"两把菜刀闹革命"的贺龙		—
微宣讲	初出茅庐的"二十八画生"		—
	28 岁"夏府少爷"的三封遗书		—
	蔡和森与向警予的"血色浪漫"		—
交流讨论	围绕主题进行答疑解惑	全体师生参加	—

步骤六:教学反思。此次研修开展顺利,学生配合度高、反应好,作业质量高,在一定程度上达到了预期效果。一方面,准备充分,活动效果好。志愿宣讲环节,宣讲人讲述故事逻辑清晰、语言流畅,学生对"半条被子"的故事以及"两把菜刀闹革命"的贺龙有了全面、深入的了解,甚至对于现场其他人的临时提问,宣讲人也能游刃有余地应对;微宣讲环节,宣讲人声情并茂地讲述了夏明翰三封遗书背后的动人故事,以及蔡和森与向警予的革命爱情,从现场悲伤的目光和泛着泪花的眼睛里,我们

看到了学生的收获。另一方面,参与此次实践教学的人热情高,有获得感和参与感。此次活动采取结合自身特长自愿报名的形式,实际报名人数大大多于实际所需人数。整个活动开展过程中,教师组织合理,活动参与井然有序。在研修活动最后的交流讨论环节,学生围绕此次活动内容、结合自身遇到的社会实际问题展开了热烈讨论,通过思维碰撞,让各个不同的见解得以呈现和展示,学生心中的疑惑在思维的交锋中得到有效解答。

通过此次活动,我们也发现了一些问题。首先是教师工作量大。学生的作品从前期准备到作业展示,作品的频繁修改大大增加了指导教师工作量。其次,参与人员数量受限。由于经费的影响,此次实践活动只能从每个授课教师的班上挑选一部分人参与。最后,研修的辐射效果不突出。一次高质量的专题研修,指导教师和学生都付出了大量的时间和精力,如何把活动成果推广形成良好的成效,需要继续思考。

四、实践评价

根据教学班级各学习小组完成个性化任务情况,各学习小组进行互评,互评表如下表 5-2 所示。

表 5-2 展示小组互评表

项目(分值)	评价内容				
(一)故事内容(40分)	故事典型、结构严谨、构思巧妙,贴合学生实际,无知识性错误				
(二)语言表达(40分)	语言技巧处理得当,情感起伏变化合理,能熟练表达故事内容				
(三)活动效果(20分)	具有较强的感染力和吸引力,能较好地与听众感情融合到一起				
第( )组( )	(一)	(二)	(三)		组长
第( )组( )	(一)	(二)	(三)		组长

第四节　教学延伸拓展

初出茅庐的"二十八画生"[①]

1915年9月15日,《青年杂志》出版了创刊号。一年之后,《青年杂志》改名《新青年》。《新青年》,是沉寂的中国的声声鼙鼓,是低回乌云下的一面艳目红旗。《新青年》在千千万万读者之中撒下革命的种子,为中国共产党的诞生,作了思想上的准备。就在《新青年》杂志推出一篇又一篇彪炳显赫的雄文之际,在1917年4月号,登出了一篇《体育之研究》。此文作者的名字,是读者所陌生的:"二十八画生"!显而易见,这是一个笔名,作者不愿透露真实姓名。

那是陈独秀从一大堆来稿中,见到这篇寄自湖南的《体育之研究》。虽说文笔尚嫩,但是有自己独特的见解,何况《新青年》杂志的文章很少涉及体育,便把此文发来了。推算起来,这是"二十八画生"头一回跟陈独秀结下文字之交。

当时,这位"二十八画生",还只是个24岁的湖南小伙子。直到他后来成为中国共产党领袖,笑谈"二十八画生"的来历时,人们才恍然大悟:"你把我的姓名数一数,总共多少笔画?"哦,"毛泽东(毛澤東)"——正好28画!

《体育之研究》是迄今发现的毛泽东公开发表的最早的文章。写之时,用毛泽东自己的话来说:在这个时候,我的思想是自由主义、民主改良主义、空想社会主义等思想的大杂烩。我憧憬"19世纪的民主"、乌托邦主义和旧式的自由主义,但是我反对军阀和反对帝国主义是明确无疑的。写罢,毛泽东曾请他的恩师杨昌济先生指教。杨昌济是他在湖南省立第一师范求学时的老师,后来同他的生活有密切的关系。杨昌济对自己的伦理学有强烈信仰,鼓励学生立志做有益于社会的正大光明的人。在杨昌济的影响之下,毛泽东读了蔡元培译的一本理学的书,受到这本书的启发,写了一篇题为《心之力》的文章。

[①] 初出茅庐的"二十八画生"[OB/OL].(2021-02-05)[2021-02-05]https://www.12371.cn/2021/02/05/ARTI1612495080998661.shtml.

早在1909年春，杨昌济从日本来到苏格兰的阿伯丁大学哲学系学习时，在那里结识一位名叫章士钊的中国留学生。

1917年，章士钊任北京大学教授兼图书馆主任，便向蔡元培推荐杨昌济到北京大学出任伦理学教授。蔡元培当即以校长名义，给杨昌济寄去聘书。于是，杨昌济于1918年春由长沙来到北大任教。这年6月，杨昌济把家眷也接往北京，在鼓楼后街豆腐池胡同15号安家，和妻子向振熙、儿子杨开智、女儿杨开慧住在一起。这时，杨昌济在北京大学结识了一位年轻的哲学讲师，叫梁漱溟。此人的本家兄长梁焕奎与杨昌济有着旧谊。梁漱溟跟杨教授切磋哲学，相谈甚洽，于是，常常造访豆腐池胡同杨府。

从1918年8月中旬起，梁漱溟每当晚间叩响杨府大门，常见一位个子高高的湖南小伙子前来开门。他跟梁漱溟只是点点头，偶尔说一两句寒暄之语，听得出湖南口音很重。开了门，他便回到自己屋中，从不参与梁漱溟跟杨昌济的谈话。这位杨府新客，便是"二十八画生"！那是"二十八画生"——毛泽东——平生头一回来到北京。举目无亲而且又是借钱去北京的他，投宿于恩师杨昌济家中。当时，湖南的一批学生要到欧洲勤工俭学，毛泽东支持他们出国，但他自己并不想去欧洲。他和这些学生一起来到北京。

北京对于毛泽东来说开销太大了，他不得不寻求一份工作。

在北京大学图书馆里，杨昌济找到了主任李大钊："李先生，我有一位学生从湖南来——毛泽东。此生资质俊秀，为人勤奋，不知李先生能否为他在图书馆里安排差使？""好，好，你请他来。"李大钊一口应承。翌日，杨昌济便领着瘦长的毛泽东去见李大钊——这是25岁的毛泽东头一回与29岁的李大钊会面。李大钊带着毛泽东来到北京大学红楼一层西头第31号的第二阅览室，让他当助理员。"你每天的工作是登记新到的报刊和阅览者的姓名，管理15种中外报纸，月薪8元。"李大钊对毛泽东说道。

这对于来自外乡农村的毛泽东来说，已是很大的满足了。

过了好多年，当毛泽东跟斯诺谈及这段经历时，他说："李大钊给了我图书馆助理员的工作，工资不低，每月有8块钱。"毛泽东用这样一句话，概括了他在北京大学时的收获：我在李大钊手下在国立北京大学当图书馆助理员的时候,就迅速地朝着马克思主义的方向发展。

毛泽东有了工作之后,有了收入,就搬到北京大学附近的景山东街三眠井胡同7号一间普通的民房里,跟蔡和森、罗学瓒、张昆弟等八人住在一起,"隆然高炕,大被同眠"。毛泽东也去拜访了比他大14岁的陈独秀:"我第一次同他见面在北京,那时我在国立北京大学,他对我的影响也许超过其他任何人。"毛泽东还去拜访那位从美国归来的胡适——虽然胡适只比他大两岁,可是吃过洋面包,挂着"博士""教授"头衔,比毛泽东神气多了。毛泽东曾组织在北京的新民学会会员十几个人,请蔡元培、胡适座谈:"谈话形式为会友提出问题,请其答复,所谈多学术及人生观的问题。"

毛泽东在北京大学工作了半年,经上海,回湖南去了。这位"二十八画生",当时尚未在中国革命中崭露头角,然而这半年,北京大学、《新青年》"北李南陈"给予他的深刻影响,使他走上了马克思主义的轨道。

爱的信仰——红色伴侣蔡和森和向警予

资料来源:长城网①

1920年5月,法国蒙达尔纪,正在举行一场简单而又别开生面的婚礼。一对新人肩并肩,手捧一本打开的《资本论》,宣告他们已经是马克思主义的信徒,参加他们婚礼的,则是几十个赴法勤工俭学的中国青年。这两位新人,分别是中国共产党早期的卓越领导人蔡和森和中国妇女运动的先驱向警予。远在国内的毛泽东得知消息后,立刻给在法国的罗学瓒写信:"我听得'向蔡同盟'的事,为之一喜,因为向警予和蔡和森打破了'怕'。"蔡和森和向警予为湖南同乡,共同的理想和信念让他们一起离沪赴法,而共同的精神支柱和革命目标又让两颗青春火热的心渐渐走到了一起。蔡和森回忆这段经历写道:"警予与和森多次谈话之后,开始放弃'教育救国'的幻想而相信共产主义,同时警予与和森的恋爱亦于此发生。"初到法国,两人面临着语言不通、生活困苦等种种困难,但是共同而坚定的信仰,却一次又一次赋予他们爱和不断前行的力量。向警予在给

---

① 郄丽莎. 爱的信仰——红色伴侣蔡和森和向警予 [OB/OL]. (2021-05-26) [2021-05-26] https://baijiahao.baidu.com/s?id=1700799540764398903&wfr=spider&for=pc

父母的家书中曾写道"和森是九儿真正所爱的人"。那段留法的青葱岁月或许注定会成为这对革命伴侣一生中最珍贵的回忆吧。

如何改造中国与世界？针对这一问题，1920年7月，蔡和森两次写信给毛泽东，明确提出自己的建党主张。在9月16日信中，蔡和森更是旗帜鲜明地提出建立中国共产党的主张和建党的四个步骤，毛泽东收到信后激动不已："你这一封信的见地极当，我没有一个字不赞成。"1921年9月，作为学生代表，蔡和森被法国政府以"强占校舍，扰乱治安"的罪名，同104名勤工俭学生一道被遣送回国。不久，已经身怀六甲的向警予也跟随丈夫的脚步启程回国了。回国后，向蔡夫妇先后加入中国共产党，投身于党的事业。生下女儿蔡妮后，紧接着迎来了第二个爱情结晶蔡博，在艰难困苦的革命岁月里，这两个孩子并没有由他们二人亲手抚养长大，不能陪在孩子身边看他们从咿呀学语、蹒跚学步到风华正茂、年轻有为。谁的孩子不是父母的"心头肉"啊，但是为了革命，这对伉俪不得不"舍小家，顾大家"，忍痛和自己的孩子们告别，这或许就是革命者的苦衷和不得已吧。

1928年，向警予在武汉被捕，5月1日，在这个全世界工人阶级的节日里，33岁的向警予穿上在法国结婚时蔡和森的妈妈送的旗袍，走向了刑场。后来，蔡和森失声痛哭："伟大的警予，英勇的警予，你没有死，你永远没有死！你不是和森个人的爱人，你是中国无产阶级永远的爱人！"三年后，1931年，蔡和森也因叛徒的出卖而英勇牺牲，年仅36岁。正如诗人柳亚子所说："革命夫妻有几人，当时蔡向各成仁。和森流血警予死，浩气巍然并世尊"。爱的信仰，演绎了两位革命家的爱情传奇，书写了他们色彩斑斓的一生。

中国共产党"唯一的女创始人"[①]
——纪念向警予牺牲97周年

向警予（1895-1928），湖南溆浦人，中国共产党创始人及早期领导人之一、妇女解放运动先驱和领袖。1919年参加新民学会，同年赴法勤工俭学，坚定共产主义信念，与蔡和森结为"向蔡同盟"。1921年底回国

---

① 中国共产党"唯一的女创始人"——纪念向警予牺牲97周年[OB/OL].（2025-05-09）[2025-05-09]https://www.xuexi.cn/local/normalTemplate.html?itemId=14559854197563679536.

入党。1927年在武汉积极革命，大革命失败仍坚守。1928年因叛徒出卖被捕，5月1日在余记里刑场英勇就义，年仅33岁。

远渡重洋，探寻革命真理

向警予，原名向俊贤，1895年出生于湖南溆浦。她六七岁开始读书，对古代花木兰等女英雄十分钦佩，立志要像她们一样，做一个顶天立地的巾帼英雄。1912年秋，17岁的向警予考入湖南省立第一女子师范学校，后又转入周南女校。在此期间，她将原名"向俊贤"改为"向警予"，提醒自己对封建思想和势力要高度警惕。向警予早期抱着"教育救国"的理念，她从周南女校毕业后，回到家乡溆浦创立了溆浦女校，并担任校长。她给学生讲述国家大事，宣传爱国主张，号召大家发愤图强，将来为苦难同胞服务。

1919年，向警予参加了毛泽东、蔡和森等创办的革命团体新民学会，踏上了革命的道路。同年10月，她与蔡畅等人组织湖南女子留法勤工俭学会，成为湖南女界勤工俭学运动的首创者。同年底，向警予赴法国勤工俭学。在法国，她与周恩来等人发起成立了中国共产党旅欧早期组织，几乎与国内党的早期组织同时建立，成为我党唯一的女创始人。1920年5月，向警予与志同道合的蔡和森在法国蒙达尼结婚，组成了令人羡慕的"向蔡同盟"。他们的结合，不仅仅是男女之间爱情上的同盟，更是革命理想事业上的同盟。

留法期间，向警予积极参与各种革命活动。1920年7月，旅法新民学会会员在蒙达尼开会，讨论新民学会的宗旨以及如何改造中国与世界的问题。向警予赞同旗帜鲜明地成立共产党，走俄国十月革命的道路，实行阶级斗争和无产阶级专政。

1921年，法国陷入一战后的经济危机，广大留法勤工俭学生面临着"求工不得，欲学不能"的困境。向警予带领同学们参与争取"求学权""生存权"的请愿斗争；与周恩来等人发起拒款运动，成功阻止北洋政府的卖国借款；还参与组织"争回里昂中法大学"斗争，展现出卓越的组织和领导能力。

江城烽火，坚守革命阵地

1921年底，向警予启程回国，正式办理了入党手续，成为中国共产党最早的女共产党员之一。回国后，她全身心地投入到革命工作中，为党的事业和妇女解放运动做出了重要贡献。

1927年3月，根据组织的安排，向警予来到武汉。此时的武汉，正处于大革命的风暴中心，革命形势复杂而严峻。向警予先后在湖北省总工会、中共湖北省委、中共汉口市委从事革命工作，领导工人阶级、劳苦妇女开展反帝反封建革命斗争。她深入工厂、学校、社区，向工人、学生和广大民众宣传马克思主义和党的方针政策，积极参与领导工人罢工、示威等斗争，为争取工人阶级的权益而努力。

然而，随着大革命的失败，白色恐怖笼罩着武汉。国民党反动派大肆屠杀共产党员和革命群众，革命形势急转直下。危急关头，同志们考虑到向警予在社会上影响很大，留在武汉太危险，劝她暂时离开。但向警予置生死于度外，主动要求留在武汉，坚持地下斗争。

此后，向警予在极其危险的情况下，想尽一切办法来保持党与广大工人群众的联系。她编印出版湖北省委机关刊物《大江报》，通过报纸向群众传递党的声音。她穿着一件普通的旗袍，四处奔走，了解工人需求，组织工人继续斗争，即便身体因劳累变得瘦弱，她也从未放弃。

狱中不屈，尽显巾帼豪情

1928年3月20日，由于叛徒出卖，向警予不幸被捕。在狱中，向警予遭受了敌人的百般威胁利诱和酷刑折磨，但她始终坚贞不屈，严守党的秘密。她用法语质问法官，令敌人哑口无言。面对敌人的死刑威胁，向警予大义凛然："不要多讲废话，要杀就杀！"她在狱中还坚持和反动政府进行斗争，组织被监禁的难友反抗虐待，极大地打击了敌人的嚣张气焰。

她深知自己时日不多了，不可遏制地思念着远在湖南老家的两个孩子。她经常整宿整宿地睡不着觉，不时拿出两个孩子的合影贴在脸上不停抚摸，放在嘴边久久亲吻，对着孩子的照片喃喃自语："妮妮、博博，妈妈在叫你们呢，听见了吗？"

敌人见无计可施，终于决定下毒手了。1928年"五一"国际劳动节这天清晨，向警予被押往汉口余记里刑场。在走向刑场的路上，她沿途向广大群众进行演讲，高呼"打倒国民党反动派""革命一定成功"等口号。丧心病狂的刽子手向她嘴里塞进石沙，又用皮带紧紧缚住她的双颊，鲜血从她的嘴角流出。最终，向警予英勇就义，年仅33岁。

向警予用自己的生命诠释了对共产主义理想的坚定信仰，为民族独立、人民解放和妇女解放事业做出了不可磨灭的贡献。毛泽东评价她是中国共产党"唯一的女创始人"。向警予的一生虽然短暂，但她的革命事迹和崇高精神却永远铭刻在中国历史的丰碑上,她的精神将永远激励着我们为实现中华民族伟大复兴的中国梦而努力奋斗。

军爱民民拥军,《十块银圆》映初心①

资料来源:湖南频道

2月23日,在中国工农红军第二方面军长征出发地纪念馆听了《中国最小的红军战士》的故事后,来自怀化的游客刘其栋深受感动,久久不肯离去。

7岁参军、9岁长征,向轩就是那个中国年龄最小的红军战士。他是贺龙的外甥,也是红二军团不断发展壮大时参军入伍干革命的红军。目前还健在的他,依旧精神矍铄。

听完讲解,站在刘其栋身边的一个年仅5岁的小男孩,高举右手朝向轩的照片敬礼,似懂非懂地说:"我喜欢这个小哥哥!"

半个多世纪过去,如今的湘鄂川黔边,春光明媚,老百姓脸上洋溢着幸福的笑脸。这幸福来之不易,是红军战士和千千万万的百姓,军民同心、艰苦奋斗的结果;是无数革命先烈英勇献身、忘我斗争的结果。

1935年9月,正当湘鄂川黔根据地发展如火如荼之时,蒋介石调集40万兵力发动新一轮更疯狂的"围剿",军事、政治、经济三管齐下,妄想一举歼灭长江以南当时唯一的一支主力红军。

赢得前一轮反"围剿"胜利的红二、六军团,虽已有2.1万人的军力,但面对人数多于20倍的敌人,该何去何从?

11月4日,桑植县刘家坪乡龙堰峪灯火通明,中共湘鄂川黔省委和中革军委湘鄂川黔分会在这里召开联席会议。会议决定向贵州方向实施战略转移。

11月19日,贺龙代表中革军委湘鄂川黔分会下达战略转移命令。当晚,红二、六军团共1.7万余人,分别从湘鄂川黔苏区的桑植县刘家坪、瑞塔铺、桑植县城出发,开始战略转移。红18师则留在当地,保护百姓,同时作为掩护力量,牵制敌人,策应红军主力突围。

---

① 上官智慧.军爱民民拥军,《十块银圆》映初心[OB/OL].(2021-02-24)[2021-02-24]http://dangshi.people.com.cn/n1/2021/0224/c85037-32035252.html.

一边是红军紧急转移、一心向民，一边则是当地百姓用实际行动向党看齐、支援红军。于是，流传至今的《十块银圆》、红军医院等红色故事就此诞生。

11月20日至22日，红军强渡澧水一战大捷。吃了败仗的国民党军队在撤退时，沿途骚扰百姓，逼得村民纷纷上山躲避。

菜地里仅剩的萝卜和白菜，成为当时大庸县双溪桥乡陈家山村村民龚占燕最放心不下的"财产"。次日下山的龚占燕得知菜被拔走一半后，气得一跺脚踢飞了旁边的一节南竹，随即，一叠银圆滑了出来。原来，这是红16师为"偷菜"作出的补偿。

今天，这10块银圆，展示在位于张家界市永定区城区的湘鄂川黔革命根据纪念馆里，辉映着共产党人全心全意为人民的永恒初心。

当年红二、六军团实施战略转移时，有23名伤病员并未踏上长征路。

"依靠人民，守护革命火种！"贺龙纪念馆副馆长、副研究馆员覃章衡告诉记者，在部队出发前夕，贺龙找到老乡谷家族长谷采芹，请他负责保护并治疗所有伤员，直至伤愈。就此，红军医院诞生，军民鱼水情浓浓上演。

向贵州方向战略转移的红二、六军团，先后占领辰溪、浦市、溆浦、新化、蓝田（今涟源）和锡矿山等地，控制湘中广大地区。在湘中，红军高举"抗日救国"旗帜，广泛发动群众，先后成立38支抗日游击队，成员达1700余人，还成立了抗日义勇军、先遣队等组织；同时，补充新兵3000余人，筹集了大批物资和经费。

红二、六军团的战略转移较为顺利，掩护主力突围的红18师，时刻牵动着大家的心。随后，他们在龙山、桑植等地，仅有3000余人的兵力，牵制国民党军队8万人，大大减轻主力突围的后顾之忧。一个月后的12月15日，红18师从桑植县陈家河誓师突围，踏上长征路。

"军民同心，长征路就走得顺畅！"覃章衡说，在张家界乃至整个湘鄂川黔地区，红军与百姓"心心相印"的故事不胜枚举，也正是这颗红心照亮了共和国。

1936年7月，红二、六军团与红三十二军组成红二方面军。红二方面军纵横驰骋，斩关夺隘，回旋乌蒙山，翻越大雪山，走出大草地。同年

10月22日,红二方面军与红一方面军在将台堡大会师,红军长征胜利结束。

至此,革命胜利的号角越来越嘹亮……

■记者手记

心心相印,方能克难制胜

十块银圆,在现在的人看来,也许不算大事,但是在艰难困苦的岁月,反映的是红军的爱民之心,是军爱民、民拥军,军民"心心相印"的生动佐证。这也是湘鄂川黔革命根据地,历经艰苦,能一步步发展壮大的力量源泉,是中国革命之所以能"星星之火"得以燎原、最终夺取革命胜利的根本所在。

如今,记者欣喜看到,作为当年湘鄂边、湘鄂西、湘鄂川黔革命根据地的策源地和中心地,以及红二方面军长征出发地的桑植儿女,革命传统仍然在"一脉相承",共产党员和干部与当地群众"心心相印",走出了一条"脱贫致富奔小康"的康庄大道。

在党的引领下,这里的28个民族、47万人民,用情怀,用责任,用担当,推进"脱贫攻坚"伟大事业走向胜利。2020年2月29日,桑植收获一份历史性的喜悦——省政府批复该县脱贫摘帽。

"没有党员和群众的心心相印,我们不可能取得如此骄人的成绩。"张家界市政协副主席、桑植县委书记刘卫兵说,相信未来的桑植人,一定能在大山深处开创奇迹,不断奏响幸福交响乐章。

实践项目二:传承红色基因,建党先声地—悟初心

一、实践背景

习近平总书记在党史学习教育动员大会上指出:"学史明理、学史增信、学史崇德、学史力行教育引导全党同志学党史、悟思想、办实事、开新局……"[①],以昂扬姿态奋力开启全面建设社会主义现代化国家新征程,

---

① 习近平在党史学习教育动员大会上的讲话[M].北京:人民出版社,2021:11.

以优异成绩迎接建党一百周年！回顾百年党史，"心忧天下，敢为人先"的湖湘儿女，在中国共产党的领导下，前仆后继、英勇奋斗，谱写了感天动地的英雄壮歌，留下了一个又一个"湖南之最"。位于岳麓山脚下的新民学会被誉为"建党先声"，它为中国共产党的成立奠定了思想理论基础、组织人才基础和革命斗争实践基础。

二、实践目标

此次现场实践活动，让学生了解建党先声的感人故事，深刻感受共产党革命先驱在血与火的艰难岁月里铸就的敢为人先、无私奉献的革命精神，谨记党的历史，从而帮助提升自身修养，传承革命精神，为实现中华民族伟大复兴贡献力量。

三、实践方案

时间：×年×月×日

地点：新民学会旧址暨蔡和森故居

形式：唱红歌、讲红色故事、演红色话剧、师生与讲解员现场交流

步骤一：确定主题。教师根据社会热点和学生关切，确定湖湘红色故事专题研修主题和研修地点，明确此次研修的目的和要求。

步骤二：确定故事。教师以建党先声为线索，根据查阅的相关资料和学习者的学情，初步确定建党先声紧密相关的典型湖湘红色故事，并以唱歌、宣讲和话剧等形式展现。

步骤三：任务分配。依据各小组实际情况，教师把选取的相关典型红歌、红色故事以及话剧以小组为单位进行任务分配，发放研修手册，教师提供初步查阅的相关资料。

步骤四：任务准备。各小组根据选择的故事主题和形式，以学生自主创作为主，教师指导为辅，完成故事讲稿并熟悉内容；选择话剧的小组还需利用课后时间进行排练。

步骤五：活动实施。依据实践方案确定的研修安排，教师组织学生开展研修活动。研修安排表见表5-3所示。

表 5-3 新民学会旧址专题研修安排表

活动主题	活动内容	活动要求	指导教师
参观	专业讲解员讲解，师生认真学习	全程保持安静，手机调为静音，紧跟大队伍，不随意走动	全体参与教师
唱红歌	合唱：东方红	1. 教师指导自己负责的小组作品； 2. 学生填写实践手册并按要求完成任务	×××
唱红歌	参与者讲述创作背景和歌曲鉴赏		×××
话剧	场景一：成立新民学会		×××
话剧	场景二：明目张胆地成立一个中国共产党		×××
交流讨论	围绕主题进行答疑解惑	全体师生参加	×××

步骤六：教学反思。此次研修活动方案合理，组织有序，参与度高，展示质量高，活动反响好，在一定程度上达到了预期效果。但此次活动也暴露出一些问题。比如唱红歌活动中，学生对合唱歌曲《东方红》的喜欢程度不一，导致合唱效果不佳等。

四、实践评价

根据教学班级各学习小组完成个性化任务情况，各学习小组进行互评，互评表见表5-4所示。

表 5-4 展示小组互评表

项目/分值	评价内容
（一）活动内容（40分）	故事典型、结构严谨、构思巧妙，歌曲有代表性，贴合学习者实际，无错误

续表

项目/分值	评价内容				
（二）语言表达（40分）	语言技巧处理得当，情感起伏变化合理，能熟练表达故事内容				
（三）活动效果（20分）	具有较强的感染力和吸引力，能较好与听众感情融和到一起				
第（　）组（　）	（一）	（二）	（三）		组长
第（　）组（　）	（一）	（二）	（三）		组长

专题六

品湖湘红色家书

第一节 实践导学

一、理论要点

（一）湖湘红色家书内涵

红色家书是具有"红色"鲜亮底色的书信。在学术界中，对红色家书的研究尚处于探索阶段，但目前达成的基本共识是，红色家书可界定为：红色家书是中共党员和追求进步的人士在革命、建设、改革时期写给家人、恋人、亲戚、同僚、同学、师生、朋友等的私人信件。红色家书折射出历史背景、理论渊源、文化土壤等要素，展示了中国共产党人对中华优秀传统文化的传承发展，对马克思主义的坚定信仰以及对中国革命、建设、改革之路的不懈探索。湖湘红色家书作为红色家书的重要组成部分，既具有红色家书的共性，同时，作为湖湘区域性红色文化，深受湖南地域文化的影响，具有鲜明的湖湘特色。

（二）湖湘红色家书的由来

湖湘红色家书产生于特殊年代，它的由来与马克思主义科学理论、中华优秀传统文化、湖湘共产党人的革命实践密不可分。

1. 马克思主义是湖湘红色家书的理论根基

湖湘红色家书是湖湘革命先辈的家书，不同于普通的家书信件，写信人大部分都是共产党人或者拥护共产党的进步人士，是坚定的马克思主义者。20世纪初期,马克思主义开始传入中国,这一新思想让中国先进的知识分子看到了新的希望,在俄国十月革命的影响下,伴随着五四运动的爆发,马克思主义在中国开始广泛传播。1921年中国共产党正式成立,马克思主义成为全党的指导思想,近代中国的命运也因此改变。

马克思主义作为一种思想传入中国,在20世纪初的众多社会思潮中脱颖而出,成为中国共产党的指导思想,是湖湘红色家书的理论根基。湖湘红色家书记录的是中国革命、建设与改革过程中湖湘革命先辈、进步人士与亲人好友等的书信往来,写信人大都受马克思主义的深刻影响,他们义无反顾地参与中国的革命、建设与改革事业。尤其是在革命时期,在这些红色家书中记录了作者为民族独立、人民解放所作出的努力,以及在书信中与亲人好友分享自己学习与传播马克思主义。为取得革命的胜利而作出斗争的经历。

湖湘红色家书中体现出一定的红色文化,这种红色文化是在马克思主义的指导下形成的,是中国特有的,是马克思主义与中国传统文化相结合的产物,决定了湖湘红色家书区别于其他家书的特殊性。

2. 中华优秀传统文化是湖湘红色家书的思想本源

中华民族创造了历史悠久的中华优秀传统文化,中华民族绵延至今离不开中华优秀传统文化,湖湘红色家书的形成离不开中华优秀传统文化的滋养。湖湘红色家书也是家书的一个种类,是在特定的历史条件下,中华优秀传统文化与革命实践相结合的产物。湖湘红色家书中革命先烈的严于律己、自强不息、艰苦奋斗、不怕牺牲、诚实守信等精神都是对中华优秀传统文化的继承与发展。例如中华优秀传统文化中强调"吾日三省吾身"(《论语·学而》),体现在红色家书中就是湖湘共产党人严于律己;中华优秀传统文化中强调做人要诚信友善,讲求"内诚于己,外信于人",这一思想体现在湖湘红色家书中就是"对同志是互相信任的,是互相听取不同意见,决不能只相信自己,不相信人家,排斥人家的意见"[①]。

3. 湖湘革命先辈的奋斗历程是湖湘红色家书的实践基础

新民主主义革命时期,无数湖湘革命先辈为了信仰走上革命道路,他们勇立潮头,聚合改造中国与世界的力量,成为最早一批无产阶级革命

---

① 唐洲雁、李扬.中共元勋家书品读[M].北京:中国人民大学出版社,2013:202.

者。湖南是秋收起义、平江起义、湘南起义、桑植起义等影响中国革命历史进程的重大事件的发生地，无数湖湘革命先辈舍生忘死，为新民主主义革命的胜利作出了重要的贡献。大部分湖湘红色家书正是在这个过程中形成的。湖湘革命先辈为了实现新民主主义革命胜利，不得不与亲人朋友分隔两地，他们告别父母，告别妻儿，告别挚友，在激烈的战斗中，把对亲人朋友的思念化成一封封炽热的红色家书。一封封红色家书的字里行间，体现了湖湘革命先辈对共产主义的坚定信念、顽强斗争的不屈意志，以及不怕牺牲、视死如归、艰苦奋斗的豪迈情怀。因此，湖湘红色家书的形成与湖湘革命先辈在新民主主义革命时期的革命实践是密切相连的，它真实记录了湖湘儿女在新民主主义革命时期的奋斗历程，以及他们面对牺牲彰显出的伟大革命英雄主义气概。

（三）湖湘红色家书的主要内容

一封封饱含深情的湖湘红色家书，蕴藏着极其丰富的内涵，或是表达坚定不移的理想信念，或是体现割舍不断的血脉亲情，或是承载高尚纯洁的道德品质，或是表现求真务实的优良作风。

1. 坚定不移的理想信念

中国共产党自成立之日起就始终是一个有崇高理想和坚定信念的马克思主义政党。在革命战争年代，湖湘革命先辈高擎理想信念的旗帜，坚定执着、勇往直前，不惧艰难险阻、不惜流血牺牲，为革命胜利作出了不可磨灭的贡献。红色家书，正是他们理想信念的庄严宣言，承载着坚定的理想信念。

首先，表现为对马克思主义的崇高信仰。习近平总书记指出，"中国共产党人的理想信念，建立在马克思主义科学真理的基础之上"[①]。马克思主义作为科学的理论体系，揭示人类社会发展规律，提供认识世界和改造世界的科学方法。作为中国共产党的指导思想，其在指导实践的过程中显示出强大的真理力量，成为中国共产党人的坚定信念和崇高信仰。湖湘红色家书作为湖湘革命先辈与家人亲友交流情感、信息，交换看法的亲笔信件，饱含了无数共产党人和先进人士追求真理、揭示真理、笃行真理的崇

---

① 习近平.坚定理想信念补足精神之钙[J].求是,2021(21):4–15.

高品质，蕴含着他们对理想信念坚定不移、矢志不渝的崇高追求，共同汇聚了坚定马克思主义信仰的思想伟力。

其次，表现为对中国共产党的无限忠心。无数革命先辈，经过磨难历练，成长为忠诚于无产阶级解放事业的先锋战士。对党忠诚是党员的必备政治品格。一封封家书展现了无数共产党员对于党的赤胆忠心。1927年革命党员陈毅安在给妻子的信中写道："我们明了世界的潮流，具有阶级觉悟，行动言语应该无产阶级化，应该成为为了无产阶级利益而继续斗争的革命党员""除了努力革命，再找不出其他出路，消灭所有旧势力，建设我们的新社会。"[①] 年仅23岁的陈毅安对党怀有赤诚之心，一身英勇气概，在心中殷殷嘱托，思想深邃，怀有深沉情感，充分展现陈毅安同志对革命、对党的坚定态度。

再次，表现为舍小家为大家的革命大义。从古到今，湖湘儿女的骨子里都有着一种"血性"，近代无数先驱为革命事业牺牲，秉承报国为民的炽热情怀和对革命事业必胜的信心，在黑暗中摸索、抗争，他们对理想信念的执着追求、对党绝对忠诚的赤子之心、舍生取义的崇高气节就是一代代相传的红色基因。这样的"血性"是湖湘儿女身上散发出的一种气质，是一种舍我其谁的责任担当。罗荣桓在北上抗日途中给哥哥罗晏清的家信中写道："以后对家庭更无法顾及，非我无情，实处此国难当前，奈何！[②] 在国家危难的特殊时期，罗荣桓依然持有着一切以革命事业为重的精神，忍痛割舍亲情，作出了牺牲小我成就大我的壮举。

2. 割舍不断的血脉亲情

家是最小国，国是千万家。时代虽变，但人们对家庭和亲情的重视却从未改变。习近平总书记强调"家庭是社会的基本细胞，是人生的第一所学校。"[③] 一封封红色家书写尽了革命前辈一生的典范，展现了他们与家人之间割舍不断的血脉亲情。

首先是革命先辈对父母的感恩之情。老一辈革命家身逢乱世，为国家奔走呼号，亦对家中父母充满关怀，并且想亲自表达自己的一份孝心。1919年4月28日，毛泽东在给舅父文正兴的信中写道"家母病重，赶回

---

① 恽代英等.红色家书[M].江苏：江苏凤凰文艺出版社,2017(1):109.
② 中共中央文献研究室编.老一代革命家家书选[M].北京：中央文献出版社，1990：105
③ 习近平.在会见第一届全国文明家庭代表时的讲话［N］.人民日报，2016-12-16（002）..

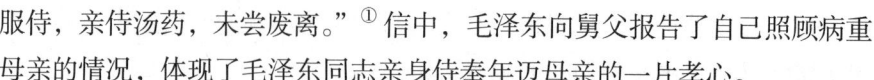

服侍，亲侍汤药，未尝废离。"①信中，毛泽东向舅父报告了自己照顾病重母亲的情况，体现了毛泽东同志亲身侍奉年迈母亲的一片孝心。

其次是革命先辈与恋人的忠贞爱情。红色家书作者与配偶之间相互勉励、共同进步，展现了积极向上的恋爱观，培育着忠贞不渝的爱情之花。陈觉给妻子的信中写道："在天愿为比翼鸟，在地愿为并蒂莲，夫妻恩爱永，世世缔良缘"，并且用很多的篇幅回忆他们夫妻之间曾经有过的美好生活，表达出陈觉对妻子的一往情深及深深的思念。夏明翰在信中写道，"红珠留作相思念"，借"红珠"赞美妻子，表达对爱情的忠贞。

再次是革命先辈与兄妹之间的真情。革命先辈们虽然长期投身于革命事业，但是依然通过红色家书和家乡的兄弟姐妹之间保持联系，给兄弟姐妹以关心或建议。陈毅安在给堂弟董贤煦的信中写道："到任何地方做事都一样。"告诉他作为一名知识分子，身居农村可以更好地帮助群众完成工作任务，只要脚踏实地做好本职工作就是为国家效力。

最后是革命先辈对子女的耐心教育。从红色家书中，我们可以看出老一辈革命家对自己子女的教育非常重视。他们用实际行动为子女树立榜样，将待人处事之道溢于书信之中，希望他们成为有用之人。林伯渠在给女儿林秉佑的信中写道："总期不骛高远实事求是为要。"告诉她在今后的工作中端正态度，遇事和别人商讨，坚持实事求是的思想要求，脚踏实地做事。任弼时在给家人的书信中写道："寒假快到了，会很热闹，但又要设法组织孩子们利用假期学习，希望远志要补习到初中毕业后确实能考进师大附属高中，不要从初中毕业就投考什么预科去着想。远征明年上期如有春季始业的初中班次，则可进这一班，如没有，则设法插进初中一年二级为好，以备将来能顺次进高中和大学。远远就只温习得能赶上原班就可以。"从对孩子的学习作出具体安排可以看出对其女儿的耐心教育。

3. 高尚纯洁的道德品质

红色家书承载着革命烈士高尚纯洁的道德品质。红色家书的作者堪称高尚道德风范的典型，直至今日，仍然值得我们去学习。革命先辈们高尚纯洁的道德品质包括宁死不屈、吃苦耐劳、清正廉洁等。

首先是宁死不屈的气节。视死如归、宁死不屈的民族气节秉承中华文

---

① 《红色家书》编写组编.红色家书[M].党建读物出版社，2016（10）：107.

化基因，流淌在中华民族的血液中，也镌刻在湖湘红色家书里。湖湘红色家书呈现了湖湘革命人士把马克思主义基本原理同中国具体实际相结合、同中华优秀传统文化相结合的孜孜探求，凸显了湖湘革命人士对不屈不挠民族气节的坚守。夏明翰在给姐姐的信中说道："认定了共产主义，就敢上刀山，下火海，甘愿抛头颅，洒热血！"①表达他坚定真理，坚定共产主义信仰，对共产主义忠贞，以及视死如归的态度。同一时期在给母亲的信中其又写道"砍头不要紧，只要主义真。杀了夏明翰，后来还有人。"②正是怀着对共产主义的无限忠诚和对革命信仰的追求，老一辈革命家这种视死如归、宁死不屈的民族气节值得无数"后来人"前赴后继永远传唱。

其次是吃苦耐劳的精神。吃苦耐劳是中华民族的传统美德，也是红色家书作者身上闪耀着的高尚的道德品质。左权在西北战场抗击日本帝国主义侵略时，在写给母亲张氏的信中描述了当时全军将士的决心，他写道："过去吃过草，准备还吃草。"③这表明虽然当时生活条件十分艰苦，但是将士们已经做好了吃苦的准备。

最后是清正廉洁的品行。通过红色家书，我们可以看出老一辈中国共产党人质朴纯粹，清廉洁白，他们是大公无私、一身正气的模范者。谢觉哉是一位清廉的人民公仆，他在给儿子谢子谷的信中承认自己是"焦官"，意为不挣钱的官，并作诗一首："起得早来眠得晚，能多做事即心安。"④他起早贪黑，没有分毫私心，而是将大部分的时间和精力放在工作上，努力为人民做更多的事，足以见证他廉洁奉公的崇高品质。"希望你在湘听候中共湖南省委分配合乎你能力的工作，不要有任何奢望，不要来京，一切按正常规矩办理，不要使政府为难。"⑤这是毛泽东写给妻兄杨开智的信，表明毛泽东一贯坚持原则，把人民利益放在首位，不徇私情，一心为民的工作态度。

4. 求真务实的优良作风

求真务实是红色家书作者所推崇的治学精神。唯有求真务实，才能在真理的道路上走得持久长远，才能够在困苦的岁月里汲取精神的养分，才能够在革命事业的征程中获取前进的力量。

---

①②③《红色家书》编写组.红色家书[M].北京：党建读物出版社，2016.
④谢飞、谢学哉家书.[M].北京：生活·读书·新知三联书店，2015.
⑤中共中央文献研究室.毛泽东书信选集[M].北京：人民出版社，1983

首先体现为追求科学真理。他们对科学真理的向往和渴望促使他们不断学习马克思主义理论，用理性的思维和哲学的视角去认识和解决问题，从而更好地认识世界和改造世界。毛泽东在给毛岸英的信中就年轻人如何学习的问题提出了他的意见，他说要"多向自然科学学习，只有科学是真学问，将来用处无穷"。[1]

任弼时在给女儿的信中写道："建设事业就要有科学知识。"[2]教导女儿要靠自己的努力学好科学文化知识，为建设国家做好准备。真理的力量是强大的，笃信真理，努力学习科学文化知识，不仅自身受益无穷，而且能够在社会的发展中贡献一份自己的力量。

其次体现为持之以恒的学习态度。邓中夏在给狱中妻子夏明的信中写道："每天应常学习不可偷懒。"还将狱中比作是很好的研究室，乐观看待艰苦的学习环境，坚定索取学问的恒心。

最后体现为理论知识和社会实践的有机结合。红色家书的作者认为在求学的道路上不仅要力求勤学实用，灵活运用所学知识，还要善于将理论知识与现实生活统一起来。吴宪猷在给弟弟的信中写道："要努力地学习革命工作的经验和理论。"[3]让弟弟知晓开展工作不光要靠勤奋努力，也需要在革命工作中求得实用性的理论去指导实践。罗荣桓在信中交代儿子罗东进："万不要一事不管，一毫不动，专门只关门读死书。"[4]意即真理知识固然可贵，辛勤学习也十分重要，但是也要注重知识的活学活用，切实将理论与实际相结合，这样才能在历史发展过程中，不断总结经验，丰富理论，进而更好地指导实践。

（四）湖湘红色家书的育人功能

1. 爱国主义教育功能

习近平总书记指出："爱国，是人世间最深层、最持久的情感，是一个人立德之源、立功之本。"[5]湖湘红色家书见证了中国共产党曲折发展的历史进程，见证了中国红色历史的变化轨迹，见证了无数湖湘中共党员以

---

[1] 中共中央文献研究室.毛泽东书信选集[M].北京：人民出版社，1983.
[2] 中共中央文献研究室.任弼时书信选集[M].北京：中央文献出版社，2014.
[3] 恽代英等.红色家书[M].江苏凤凰文艺出版社，2017（1）：53.
[4] 孙东升.红色书简，广州：广东人民出版社，2011：71.
[5] 习近平.在北京大学师生座谈会上的讲话[N].人民日报，2018-05-03（002）.

及普通人士捍卫祖国、服务人民的赤胆忠心和铮铮铁骨。

第一，能够进一步激发受教育者的爱国主义情感。湖湘红色家书是无数湖湘仁人志士为中华民族的独立浴血奋战历程的真实写照，感悟革命烈士捍卫祖国和人民的壮志豪情，学习革命先辈的赤子情怀，能够激发出受教育者爱国热情。

第二，能够进一步使受教育者发扬爱国主义精神，继承革命优良传统。爱国主义精神是中华民族在几千年的历史更迭与变迁中形成的以爱国主义为核心的团结统一、爱好和平、勤劳勇敢、自强不息的伟大民族精神。湖湘红色家书中的爱国主义精神主要表现为忧国忧民的忧患意识和马克思主义的坚定信仰。

2.理想信念塑造功能

红色家书，篇篇传递着真情，字字彰显着坚定。无数湖湘革命烈士面对高官厚禄的诱惑、严刑拷打的痛苦、流血牺牲的威胁依然能够秉持初心，坚守大义，用行动诠释崇高的理想信念，筑牢共产党人追求胜利、甘于奉献的红色之魂。习近平总书记强调："让信仰之火熊熊不息，让红色基因融入血脉，让红色**精神**激发力量。"[①]湖湘红色家书的理想信念塑造功能，表现为促使受教育者认同社会共同的理想信念和树立个人崇高的理想信念。

第一，学习湖湘红色家书能够促使受教育者认同社会共同的理想信念，坚定马克思主义信仰，坚定社会主义和共产主义信念。因为有理想信念的支持，革命先烈们在革命道路上义无反顾地前行，学习湖湘红色家书，可以引导受教育者认同并坚定社会共同的理想信念，积极投身于社会主义建设事业。

第二，学习湖湘红色家书能够促使受教育者树立个人理想信念。湖湘红色家书中革命先辈坚定理想信念的故事能够教育和鼓励青年树立志向目标，慎重对待人生的选择和规划，能够指引人生正确的方向，在此基础上还要付诸实践，革命年代中先进人士学习政治理论知识，探讨政策方针，抗击敌对势力，他们用自己的实际行动坚守着革命信仰。受教育者可以从红色家书作者的事迹中汲取理想信念的力量，在信念的支持下，设立

---

① 桂从路.激活岁月沉淀的精神力量（评论员观察）[N].人民日报，2018-06-26（05版）.

学习、生活工作等方面的小目标和大理想，在理论和实践的结合中寻求真理，在有限的生命中追求高品质的人生。

3. 道德教育示范功能

湖湘红色家书是中国传统优秀文化的重要组成部分，蕴含着精忠报国、修己慎独、仁爱孝悌、诚信知报等丰富的中华民族传统美德。不论是湖湘红色家书作者的人格品行，还是湖湘红色家书中讲述的真实感人故事，都具有重要的道德教育示范作用。通过品析红色家书，歌颂红色家书作者的感人故事，能够培养受教育者道德认知能力和顽强的道德意志。

第一，学习红色家书能够提升对真善美的道德认知能力。道德认知能力是指道德主体在面临是非善恶时，能够在理智思考的前提下作出正确道德理解、道德判断和道德选择的能力。湖湘红色家书折射出了作者对真善美的不悔追求。首先承载着内容美，书信再现了革命先辈们的精神品质、人格魅力、优良作风；其次承载着情感美，父母恩、手足情、雎鸠缘、舐犊情跃然纸上。将湖湘红色家书作为教育素材，能够使受教育者对真善美有更加深刻的认知，指引他们追求生活中真善美的事物。

第二，湖湘学习红色家书能够锻炼受教育者顽强的道德意志。道德意志是指道德主体在实践中能够直面挫折，顽强拼搏的精神。在湖湘红色家书中，我们可以看出革命先辈们无论置身于何种恶劣的环境中，依然能够充满激情，保持革命的斗志。学习湖湘红色家书，可以使受教育者在无形中受到真实红色故事的感染，直面生活中的困难挫折，练就顽强的道德意志。

4. 廉洁自律规范功能

廉洁自律可以释义为道德主体能够按照清正廉洁的道德标准约束、规范和控制自己的思想和言行的一种高尚操守。廉洁自律是中华民族传统美德，也是中国共产党人一贯的政治本色。湖湘红色家书，可以体现湖湘革命先辈们克己奉公的原则、从政为官的修养和人生价值的追求，是对受教育者进行廉洁自律教育的优质素材。

学习湖湘红色家书能够培育受教育者严于律己的修养。马克思指出："道德的基础是人类精神的自律。"① 湖湘红色家书能够启示受教育者无论

---

① 马克思、恩格斯. 马克思恩格斯全集：第一卷[M]. 北京：人民出版社，2002（10）：119.

清贫或富贵，都要懂得自律，明辨是非，公私分明，切莫养尊处优，忘乎所以。

学习湖湘红色家书能够培养受教育者的道德廉耻观念。廉耻心是为人处世的基础，也是不能跨越的道德底线。湖湘红色家书的作者们一心向廉，淡泊名利，对国家克己奉公，一心为民，对亲人遵守原则，绝不以权谋私，对自己严格管理，洁身自好。湖湘红色家书可以引领受教育者在思想和行为上向革命先辈们看齐，从而培养良好的道德品行。

二、现实关切

（一）调查问卷

1. 您对湖湘红色家书的了解程度如何（　　　）

　A. 非常了解　　　　　　　　B. 比较了解

　C. 了解一点　　　　　　　　D. 不了解

2. 您是否阅读过与湖湘红色家书相关的文学作品（　　　）

　A. 读过书信原文　　B. 相关散文　　C. 从未阅读过

3. （多选）您是通过哪些途径了解到湖湘红色家书的（　　　）

　A. 互联网　　　　　　　　　B. 家庭

　C. 影视剧　　　　　　　　　D. 书籍

　F. 红色景点

4. 您认为近几年来社会对湖湘红色家书的宣传程度怎么样（　　　）

　A. 宣传充分，影响广大

　B. 宣传一般，影响一般

　C. 宣传不到位

5. （多选）您对湖湘红色家书重要内容的哪些方面有所了解（　　　）

　A. 爱国主义　　　　　　　　B. 艰苦奋斗

　C. 无私奉献　　　　　　　　D. 自强不息

　F. 其他

6. （多选）您认为湖湘红色家书的价值作用是什么（　　　）

　A. 培养个人理想信念　　　　B. 陶冶道德情操

　C. 增强社会责任感　　　　　D. 纪念革命先烈

　F. 其他

7.（多选）据您所知，目前，关于湖湘红色家书传承存在哪些问题（　　）

A. 相关部门对红色家书重视程度不够

B. 缺少湖湘红色家书相关读物

C. 大家对湖湘红色家书不感兴趣

D. 湖湘红色家书内容陈旧，难以引起情感共鸣

E. 传承形式单一，缺乏新意

8.（多选）您认为应该通过哪些途径传承红色家书精神（　　）

A. 建设数字化家书博物馆　　B. 开设家书音视频栏目

C. 公众号文章　　　　　　　D. 巡回展览

E. 其他

（二）回应关切

资源开发利用不够透彻。首先，湖湘红色家书作为一种特殊的家书，它只是以文本的形式存在于人们的生活当中，不同于其他的红色资源，例如革命人物纪念馆、革命历史遗址等，人们可以通过到访参观的形式，在情境中加深了解。目前对于红色家书资源的开发主要集中在红色家书原始文本的收集上，通过收集不同时期的红色家书，汇编成册，这一类书籍往往只重视还原家书的原始文本，没有联系当今时代的新特点，加上手写的书信已逐渐远离人们的生活，使得这一类书籍缺少可读性和生动性。其次，湖湘红色家书虽然数量众多，但没有进行有效的整合，没有形成区域特色。湖湘革命先辈的足迹遍布祖国的大江南北，他们留下的书信呈现出范围广的特点，但是各地区没有充分认识到湖湘红色家书的重要价值，并对其进行有效利用，没能发挥出湖湘红色家书的独特魅力，打造出自身独有的湖湘红色家书区域性特色品牌。

传承载体不够丰富多样。传承红色家书，就必须依托一定的传播载体，充分挖掘和利用好载体有效发挥湖湘红色家书的时代价值，但目前来看，湖湘红色家书缺少相关的传播载体。一是缺乏相关的读物，当前有关湖湘红色家书的著作主要以书信的收集为主，对湖湘红色家书精神的解读和当代的价值探析远远不够。二是缺少相关的实践活动。湖湘红色家书在社会层面的实践活动主要以开展书信接力诵读为主，受众群体有限；且湖湘红色家书的教育基地较少，无法满足大家开展教育活动的场地需要。三

是没有充分利用新媒体。随着科学技术的不断发展，与传统媒体相对的是新媒体。它具有传播速度极快、覆盖面广、受众群体大等特征，在社会领域广泛应用，但湖湘红色家书较少通过新媒体进行传播，相较于红色影视、红色歌曲，湖湘红色家书在新媒体平台认识度较低，关注度要少很多。随着新媒体技术不断发展升级，电影技术已经从单一观景体验模式进化到更加多元化、交互化和沉浸式的模式，电视剧已经可以通过各大网络平台定制播放，特别当前抖音、快手等这类短视频风靡全球，这些都是很好的传播方式，但是，在传播湖湘红色家书时缺乏有效利用。

民众认同感不够强烈。湖湘红色家书是一种历史特殊的产物，生活在和平年代的人们无法感知与体会其中的内容，使得民众对红色家书的认同感不强。首先，表现为对湖湘红色时代的记忆模糊甚至淡忘。当前生活在和平年代的大部分人，生活质量逐渐提高，在物质生活上得到满足，但却对精神追求越来越低。虽然人们对于湖湘红色历史红色文化是持有认同态度的，但还是缺少对于历史的思考与警戒，无法体会当时的革命先辈舍弃家人的想法。他们认为湖湘红色文化是"古董"，在当前越来越富足的生活下，过往的历史已经不适用于社会主义社会了。其次，有的人对于湖湘红色家书的认知比较局限，他们将湖湘红色家书理解为一种私人信件，其中只包含对家人亲人朋友的感情，而忽略其中蕴含的伟大革命精神与老一辈革命家们的高尚品格以及时代价值。

三、作业布置

1. 湖湘红色家书的内涵是什么？
2. 湖湘红色家书的主要内容是什么？

第二节　实践课堂

一、实践任务目标

（一）素质目标

湖湘红色家书蕴含的红色基因与以爱国主义为核心的民族精神紧密相连，通过形式多样的实践教学，以湖湘红色家书引领大家增强对共产主义远大理想和中国特色社会主义共同理想的情感认同。

（二）知识目标

通过理论阐释，帮助大家了解不同历史时期湖湘红色家书的主要内容、基本特征、精神内涵和思想精髓，引导大家掌握湖湘红色家书的时代价值，以此形成系统的湖湘红色家书知识积累。

（三）能力目标

引导大家深刻领悟家书作者的初心使命、家国情怀，从而做到主动弘扬传承湖湘红色家书精神；引导大家通过湖湘红色家书重温中国共产党的发展历史和奋斗历程，以此形成科学的历史认知、理性的历史思维、宽广的历史视野，从而增强科学分析和评判历史的能力。

二、实践任务实施

（一）课堂实践活动——红色家书接力诵读

1. 活动内容

红色家书是物质文化和精神文化的统一，是承载中国革命真实历史故事的第一手史料，每一封红色家书是真实存在的，诵读红色家书，更容易引起大家的精神共鸣。

2. 活动目的

以中国共产党百年奋斗历程为时间线索，搜集不同历史时期的湖湘红色家书，感受湖湘红色家书背后浓厚炽烈的初心使命，感受强大的精神力量。

3. 活动流程

第一阶段：以小组为单位，搜集湖湘红色家书。

第二阶段：接力诵读，并分享感悟。

（二）课外实践活动——访烈士故居，品红色家书

活动内容：红色家书作为历史史实，本身就是革命先烈实践的成果，走进家书作者旧居旧址，了解一段革命历史，聆听一个家国故事，在"身临其境"中重温革命历史，缅怀革命先烈，感悟家书作者崇高的精神品质。

活动流程：

第一阶段：活动前期准备。选定活动地点，确定活动时间，制定活动实施方案。

第二阶段：活动开展。10 人一小组，参观家书作者旧居，了解家书背后的故事，拍摄微视频。

第三阶段：活动总结、活动成果展示。以组为单位撰写活动总结，微视频在组内进行展示，在网络平台宣传。

三、实践任务成果

将收集的湖湘红色家书进行整理，汇编成书；将品读湖湘红色家书心得汇总成文字材料；将拍摄的湖湘红色家书微视频汇总，择优在网上进行展示、宣传。

四、实践任务评价

建立合理、客观、系统的教学考核评价机制是提升思想政治理论课社会实践教学质量的关键。对实践教学的质量考核要制定一套可操作、可回溯、全过程的考核评价标准体系。考核主要是指大家的思想态度、参与情况与表现。包括大家参与实践活动的次数、时间、种类等；社会实践的成果，包括调查报告、视频、宣讲稿等。

五、实践活动反思

（一）组织者层面反思

反思是否做到政治性和学理性相统一。开展湖湘红色家书实践活动必须强化政治意识、责任意识，将全局观念和底线思维贯穿其中。

反思是否做到主体性和主导性相统一。开展湖湘红色家书实践活动，组织者要能充分把握湖湘红色家书的精髓，要结合大家的需求，合理安排实践活动环节。同时，实践的过程具有开放性和复杂性，需要组织方精心组织、严密把控。

反思是否做到规范性和针对性相统一。开展湖湘红色家书实践活动必须有一套行之有效的规范体系。实践活动的内容形式、活动方案如何体现湖湘红色家书，都需要经过严密的设定，否则预期的效果将难以实现。

（二）参与者层面反思

参与者反思在实践活动中的表现。参与者是实践教学的主体，湖湘红色家书实践教学，没有参与者的参与或参与度不高，其活动目标难以达成，因此，大家的参与度、作品的完成情况是考察的重点。大家也只有在亲身参与和躬身实践中才能真正理解和掌握湖湘红色家书内涵，从而做到内化于心、外化于行。

六、作业布置

从"湖湘红色家书接力诵读""访烈士故居，品红色家书"两个活动中选择其中一个开展实践。

第三节 实践教学范例

实践项目：访烈士故居，读红色家书

一、实践背景

习近平总书记强调，"党员、干部要经常重温党章，重温自己的入党誓言，重温革命烈士的家书"。① 革命烈士的家书就属于红色家书。红色家书映照出中国共产党人的初心使命、家国情怀，在全面建设社会主义现代化国家的新征程上，需要充分利用、深入挖掘红色家书的丰富资源，引领大家更加自觉地坚定理想信念、牢记初心使命。湖湘红色家书形成于实践中，是作者真实境遇的写照。开展湖湘红色家书实践教学，让大家在鲜活的实践中真感受、真思考、真改变。

二、实践目标

了解湖湘革命烈士的学习、生活、成长经历以及革命事迹。感悟湖湘

---

① 习近平.在"不忘初心、牢记使命"主题教育总结大会上的讲话[N].人民日报，2020-01-09（002）.

革命烈士崇高的思想品格和道德情操，以及对党和人民、对共产主义远大理想的坚定信仰，从而引导大家从红色家书中坚定信仰、感悟初心使命，凝聚奋斗的力量。

三、实践方案

时间：×年×月×日

地点：革命烈士故居

实践形式：

  1. 参观故居；

  2. 聆听红色家书背后的故事；

  3. 师生现场交流。

实践流程：

  1. 确定地点。组织方根据学生关切，确定专题研修地点。

  2. 遴选书信。组织方围绕湖湘革命烈士及其亲人的革命事迹，遴选出具有代表性的家书，供选择。

  3. 查阅资料。自由组队，8—10人一组，确定一名组长，选定一封家书，查阅资料，了解家书的背后的故事。

  4. 活动准备。在组织方的指导下，各小组根据自身实际情况，确定展示形式，可以是诵读，可以是家书背后的故事分享，也可以是情景剧表演等，小组自行安排排练。

  5. 活动实施。依据实践方案确定的研修安排，组织各小组开展研修活动。研修安排表见表6-2所示。

实践步骤：

步骤一：确定地点。组织方根据学生关切，确定专题研修地点。

步骤二：遴选书信。组织方围绕湖湘革命烈士及亲人的革命事迹，遴选出具有代表性的家书，供选择。

步骤三：查阅资料。自由组队，8—10人一组，确定一名组长，选定一封家书，查阅资料，了解家书的背后的故事。

步骤四：活动准备。在组织方的指导下，各小组根据自身实际情况，确定展示形式，可以是诵读，可以是家书背后的故事分享，也可以是情景剧表演等，小组自行安排排练。

步骤五：活动实施。依据实践方案确定的研修安排，组织方组织大家开展研修活动。研修安排表见表6-1所示：

表6-1 研修安排表

活动主题	活动内容	活动要求
参观	讲解员讲解，观看家书原稿	认真聆听讲解 认真阅读家书原稿内容
展示	家书主题活动展示	1. 根据选定家书，分组进行展示； 2. 展示结束后，小组成员进行互评； 3. 展示过程录制视频
总结	针对主题活动开展评价、总结	1. 大家谈活动开展感想； 2. 组织者对活动总结评价
共享	将活动录制视频通过网络平台分享	1. 官方媒体宣传； 2. 个人社交平台宣传

四、作业布置

根据实践项目完成实践任务，提交一份活动心得或活动视频。

第四节 教学延伸拓展

一、拓展阅读

王尔琢：红色家书立誓"以身许国"[①]

"凤翠母女此次来汉，未能见上一面，心中定会十分难受。她娘家父母双亡，我又在千里之外，望大人把她当作亲生女儿对待，见她如见儿一样。儿何尝不思念着骨肉的团聚，儿何尝不眷恋着家庭的亲密，但烈士般红的血迹燃起了儿的满腔怒火，乱葬岗上孤儿寡母的哭声斩断了儿的万缕归思。为了让千千万万的母亲和孩子能过上好日子，为了让白发苍苍

---

① 北京市纪委市监委机关，北京市委宣传部. 初心·使命·家书[M]. 北京：人民出版社，2019.

的老人皆可享乐天年，儿已以身许国，革命不成功立誓不回家。"这段话是共产党员王尔琢1927年5月写给其父亲的一封家书。相信任何人首次看到这封信，都会被信中"革命不成功立誓不回家"的坚定信仰震撼。红色家书的背后，有着惊心动魄的故事和感人肺腑的家国情怀。王尔琢，字蕴璞，1903年1月23日出生于湖南常德石门县磨市镇官桥村一户商人家庭。1924年4月，王尔琢考入黄埔军校1期。同年秋，在周恩来的直接培养下，王尔琢加入了中国共产党。

王尔琢黄埔毕业后任大家队分队长，参加平定广州商团叛乱和讨伐军阀陈炯明的两次东征。1926年冬，王尔琢率部北伐挺进上海途中，蒋介石委派两个亲信携带他的亲笔信找到王尔琢，游说如果他听命于蒋先生，就正式委任他为军长，被王尔琢严词拒绝。

1927年初，北伐期间，王尔琢想见见出世以后还没见过的3岁女儿小桂芳，便托同乡好友宋人杰在武汉黄土坡21号租了一间房，写信约妻女来见面。

妻子郑凤翠带着女儿欢天喜地地从家里动身。兵荒马乱，交通阻隔，母女俩在长沙滞留了三个月，历经艰辛终于来到武汉。此时风云突变，四一二反革命政变后王尔琢从北伐将领成为被通缉的"中共要犯"，正在上海四处躲藏。郑凤翠并不知丈夫的险境，身上盘缠已快用尽，丈夫音讯全无，在武汉待了半个多月后，只好带女儿返回家乡，并留下一封幽怨的信。"蕴璞：……不知你到哪里去了，没有见到你，小桂芳心里很难过。"

数日后，王尔琢秘密来到黄土坡21号，此时已人去楼空。读罢妻子的信，王尔琢很难过，心绪不宁，并因此丢掉了一块手表和百多块钱的东西，但对国民党反动派的仇恨，取代了儿女之情。他当即给父亲写了一封信："……为了让千千万万的母亲和孩子能过上好日子，为了让白发苍苍的老人皆可享乐天年，儿已以身许国，革命不成功立誓不回家。"

"以身许国"，王尔琢是这么说的，更是这么做的。参加南昌起义后，王尔琢部归朱德指挥。后，由于革命失利，朱德决定率部隐蔽北上，穿山西进，直奔湘南。转战途中，后有追兵，时有地主武装和土匪的袭击；官兵饥寒交迫，疾病流行；部队思想一片混乱，不少官兵相继离队，有的甚至带着一个排、一个连公开离队,甚至"师长、团长均皆逃走";有的要求"散伙",部队有顷刻瓦解之势。到达安远县天心圩时,部队从2500余人只剩下1500人,团级以上干部只剩下朱德、陈毅、王尔琢三人。这时,朱德挺身而出,召开全体军人大会,进行了日后著名的天心圩整顿,王尔琢在大会上蓄发明志:"革命不成功,坚决不剃头、不刮胡子!"

火种保留了下来,再也没有熄灭。誓言已然发出,便从来没有动摇过。

朱德、毛泽东井冈山胜利会师后,中国工农革命军第四军(不久改称中国工农红军第四军)宣告成立。朱德任军长,毛泽东任党代表,陈毅任政治部主任,王尔琢任参谋长兼第28团团长,成为红军早期主要领导人之一。期间,王尔琢协助毛泽东、朱德指挥红四军取得五斗江、草市坳、龙源口等战斗的胜利,粉碎了国民党军发动的三次大规模"进剿",为保卫和发展井冈山革命根据地作出了重大贡献。

后由于"左倾"路线干扰,酿成郴州"八月失败"。王尔琢率部重返井冈山途中,在江西崇义县思顺圩的地方,担任前卫的28团二营营长袁崇全叛逃。军委多数人主张追歼叛军,王尔琢则主张"喊回来",他认为大部分人是受蒙蔽所为,"如果内部再打,损失更大。我是他们的团长,还是我亲自去把他们接回来"。8月25日晚,王尔琢快马追上叛军,努力做叛逃官兵的工作,不断喊话:"同志们别怕,我是你们的团长王尔琢,来接你们回去的,快回来革命吧!"战士们见团长来了,便没有再开枪,有的还向王尔琢跑了过来。狗急跳墙的袁崇全开枪射击,王尔琢当场倒下,年仅25岁。

王尔琢牺牲后,毛泽东含泪悲叹:"我们红四军参谋长、红28团王团长,从参加北伐,到南昌起义,直至井冈山的斗争。这个人很好,很忠实,很能打仗,很能指挥,为革命事业流尽了最后一滴血,我们一定要继承他的遗志,把革命进行到底。"并亲自撰写挽联:一哭尔琢,二哭尔琢,尔琢今已矣!留却重任谁承受?生为阶级,死为阶级,阶级后如何?得到胜利方始休!

周恩来虽然当时没在井冈山,后来听说王尔琢牺牲的消息后是深感痛惜，念念不忘，新中国成立后还多次提及王尔琢，在视察筹建中的中国革命历史博物馆时，当他发现没有王尔琢的照片，便十分焦急地对身边的工作人员说："要千方百计征集王尔琢的照片。"

2009年9月，王尔琢被评为100位为新中国成立作出突出贡献的英雄模范。

侠之大者，为国为民；义之实者，许党许国。

二、作业布置

搜集湖湘红色家书及家书背后的故事，并撰写讲稿，到学校、社区、革命故居等地开展湖湘红色家书讲解。

专题七

赏湖湘红色歌曲

第一节 实践导学

一、理论要点

红色是中国共产党、中华人民共和国最鲜亮的底色。激情豪迈的湖湘红色歌曲，意境深远，余韵悠长，时刻昭示着革命初心永不忘，红色薪火代代传。这些红色歌曲是进行爱国主义教育和革命文化教育的载体，是生动的、富有表现力的教育资源。习近平总书记强调，党史学习教育要注重方式方法创新。红色歌曲是我们身边的红色资源，传唱红色歌曲是传承红色基因的有效方式。

（一）湖湘红色歌曲的内涵

红色歌曲是中国共产党带领广大人民在革命、建设、改革的伟大实践中形成的经典文化成果，是党史学习教育的宝贵资源，其自身具有的独特价值与育人优势对于提升高职院校师生党史学习教育的实效性和针对性具有重要意义[1]。自中国共产党成立以来，红色歌曲在党领导下逐步形成发展起来。一百余年来，那些慷慨激昂的旋律，见证了马克思主义在中国的传播和工人运动的兴起，汇入早期工人运动、农民运动，汇入大革命洪流，汇入土地革命风暴，汇入全民族抗战的怒涛，汇入解放战争的巨澜；鼓舞中国人民进行社会主义革命和建设的斗志，在改革开放和社会主义现代化

---

[1] 张晓霞.红色歌曲融入高职院校学生党史学习教育研究[J].宁波职业技术学院学报，2022，26（04）：71-75.

建设中高奏主旋律，为实现中华民族伟大复兴的中国梦集聚力量。

作为我国红色经典的重要组成部分，红色歌曲不仅是火热的斗争实践的真实写照，更具有鲜明的革命情感。红色歌曲植根于中华大地，深受人民群众喜爱，体现出时代精神与民族精神，具有独特的艺术魅力、深厚的美学意蕴和广泛的社会教育功能等。

在我们党的百年历史中，湖湘红色歌曲占有重要位置，穿越百年历久弥新。湖湘红色歌曲是湖南近代顽强奋进史的重要见证和宝贵精神财富，是湖南红色文化重要组成部分。它以特有的音乐性、教育性和传播性，承载着湖湘革命先辈们的英雄事迹、可贵品质、拼搏精神，彰显着时代价值，是进行红色教育的重要素材。

（二）湖湘红色歌曲的特点

1. 思想的先进性

从人类社会的历史演变过程来看，马克思和恩格斯所提出的社会主义是超越以往任何社会形态的高级形式。红色歌曲本质上是以马克思主义理论为指导，是对科学社会主义理论的实践和探索。因此，在马克思主义理论的科学指导和中国共产党的领导之下，湖湘大地上孕育而生的红色歌谣自然而然就表现出了思想上的先进性。

首先，体现在树立崇高的革命理想方面。如在《暴动歌》中就这样唱道："建立苏维埃，工农来专政，实行共产制，人类进大同。"这首歌谣中就明确提出了实行"工农民主专政"，最终建立共产主义社会的远大理想和宏伟目标。

其次，表现出人民群众对中国共产党和工农红军的拥戴。如《工农团结不怕天》："竹笋出土尖又尖，工农团结不怕天，天塌由我工农顶，地陷有我工农填，只因共产党撑腰杆！"这首歌谣描述出了中国共产党与人民群众紧密团结，鱼水情深。在中国共产党的带领下，广大工农群众就能够逆天改命，改天换地。

最后，展现出对封建思想的彻底批判。"天下事情太不平，我们妇女不是人，一切权利都无份，穿耳缠足守闺门，买卖婚姻害死人。"这首歌谣表现了湘鄂西妇女与封建势力进行彻底抗争的精神风貌。

2. 主题的革命性

湘湘红色歌谣虽然在形式上采用了当地民间歌谣的表现手法，但其反映的主题与传统湘鄂川黔边界的民间歌谣截然不同，而是展现着全新的内容。在交织着血与火的战争环境中，红色歌谣所传达的主旋律是摧毁旧世界、建立新世界的昂扬激情；是推翻封建地主、工农翻身当家作主的思想潮流；彰显了强烈的革命性和真实的人民性。

红色歌谣主题的革命性体现在对现实的控诉、揭露、批判和无情鞭挞。《唱五更》中这样唱道："二更里来响二声，我们工农好伤心，口无食来身无衣，饥寒交迫实难禁。"随后，接着唱道："四更里来响四声，我们工农要革命，准备梭镖和枪炮，大家暴动杀敌人。"这表达了饱受阶级压迫和剥削的人民大众对社会现实的强烈不满，所以他们在觉醒之后，在认识到自己苦难的根源所在之后，对压迫者和剥削者的反抗就更为激烈。为了改变自身的命运和处境，工农大众积极投身到变革社会的斗争中去。在激烈的战斗中，他们"武装暴动敢牺牲，奋勇向前迈"，誓将革命进行到底的精神随处可见。

3. 形式的民族性和地方性

湘西地区的居民大多数是土家族群众，他们能歌善舞，喜欢以歌传情、以歌表意，曲调悠扬、含思婉转的歌谣充分表现着湘西人民的正义果敢、顽强奋进的革命精神。湘西的红色歌谣还大量运用了当地的语言，如《红军进了村》中唱道："鸡不叫，狗不咬，红军进村了。堂屋开地铺。不吵也不闹。光着头，赤着脚，半夜三更把敌摸。摸到白匪用刀杀，摸着土匪捆着拖。敌人见了缩脑壳，穷人见了笑呵呵。"这里面就使用了当地的方言词汇，如"捆"就是绑的意思，"堂屋"是湘西地区对家里大厅的称呼，"脑壳"就是脑袋。这些词汇的使用使得湘西红色歌谣具有了鲜明的地方特色。

（三）湖湘红色歌曲的育人价值

1. 湖湘红色歌曲具有引领精神、坚定理想信念的德育价值

音乐具有德育的功能，但音乐德育功能的发挥，不是通过说教与灌输，而是通过优美动听的旋律和简明深刻的歌词来发挥作用。诞生于特定历史时期和特定文化背景之下的经典红色歌曲，赓续了中华民族的光荣传

统，有着极强的艺术感染力和深刻的思想教育性，能激发人们的爱国主义精神、集体主义精神，提高人们的爱国主义觉悟，引导人们树立崇高的理想、坚定共产主义信念。

2. 湖湘红色歌曲具有激发热忱、增强民族认同感的情感价值

音乐是一种表达情感的艺术，情感表达是音乐的核心。创作者能在作品中寄托他的情感，寄托对社会发展的期望。与其他的通俗歌曲相比，红色革命歌曲有着更加深刻、更加多样的思想情感。不同时期的红色歌曲记录着那个时期人民的思想及情感，是当时革命实践的真实写照，这种使命感、责任感，是中华民族内蕴于骨子里的优秀基因。

3. 湖湘红色歌曲具有陶冶情操、提高审美情趣的美育价值

一首首优雅、质朴、豪迈的湖湘红色歌曲不仅让听众获得了艺术的享受与满足，更能够得到情感的升华。红色歌曲用独有的特性和感染力，震撼人们的灵魂，陶冶人们的情操。很多歌曲虽然年代久远，但是经过岁月的洗涤，沉淀成为经典曲目，成为群众离不开的精神食粮。人们沉浸在美的享受中，眼前呈现的是波澜壮阔的历史图景，自然对中华民族薪火相传、与时俱进的革命精神和民族精神有了更深的感悟。

二、现实关切

百余年来，湖湘大地上形成数量众多、内容丰富的红色歌谣，翔实地记录了各个时期的社会历史变革状况，它们给予了革命战争时期投身革命、捐躯报国的红军战士们强大的精神激励和深厚的情感慰藉，传达出广大人民群众对中国共产党和红军战士的强烈认同感和无限热爱之情，充分反映了军民鱼水一家亲的美好情景。这些红色歌谣不仅在当时传唱，在今天也依然被人们铭记，其蕴含的红色基因必将代代传承。教师可通过调查问卷了解人们对湖湘红色歌曲的了解程度和关注程度，以提高红色实践研修活动的实效性。

（一）调查问卷

1.您对湖湘红色歌曲的了解程度是（　　）

A. 非常了解　　　　　　　B. 比较了解

C. 一般了解　　　　　　　D. 不太了解

E. 不了解

2. 您喜欢湖湘红色歌曲吗（　　）

A. 非常喜欢　　　　　　　　B. 喜欢

C. 一般　　　　　　　　　　D. 不喜欢

3. 在日常学习工作中您听湖湘红色歌曲的频次是（　　）

A. 一周一至两次　　　　　　B. 一周两至四次

C. 一周五至七次　　　　　　D. 一周七次以上

4. 您认为湖湘红色歌曲是否具有鲜明的教育价值与时代意义（　　）

A. 是　　　　　　　　　　　B. 否

5. 您主要通过哪些途径听湖湘红色歌曲（　　）

A. 电视广播　　　　　　　　B. 网络视频流媒体

C. 平台直播　　　　　　　　D. 音乐会歌剧现场

6. 您认为您所在社区对湖湘红色文化的传承现状是（　　）

A. 非常重视　　　　　　　　B. 比较重视

C. 一般重视　　　　　　　　D. 不重视

7. 您认为湖湘红色歌曲传承的局限性是（　　）

A. 宣传力度不大　　　　　　B. 宣传手段缺乏创新

C. 年轻人兴趣不大　　　　　D. 年代跨度较大

8. 您是否自发愿意了解和推广湖湘红色歌曲（　　）

A. 愿意　　　　　　　　　　B. 不愿意

9. 您认为有哪些途径可以有效推广湖湘红色歌曲（　　）

A. 红歌走进社区　　　　　　B. 红歌走进校园

C. 网络平台　　　　　　　　D. 电视广播

E. 其他

10. 您了解并会唱的湖湘红色歌曲有哪些？

（二）回应关切

湖湘红色歌曲是进行红色教育的重要载体，这些歌曲不仅在当时传唱，其中蕴含的革命精神、军民情谊更值得我们传承、弘扬。

1. 学习了解湖湘红色歌曲的必要性

（1）牢记历史，勇担使命

经过历史的积淀，湖湘红色歌曲在红色革命战争年代凸显出了独特的魅力。这些歌曲已不再是单纯的民歌，而是增添了新的内容，刻上了革命的印记。这些红色歌曲是历史的见证、革命的缩影，深深影响、感染着三湘儿女。广大湖湘儿女在其感染下，应当牢记历史，勇担时代使命，为实现"三高四新"美好蓝图贡献出属于自己的一份力量。

（2）激发斗志，陶冶情操

革命文件不如革命口号，革命口号不如革命歌谣[①]。一首首耳熟能详、高低起伏的湖湘红色歌曲，在工农群众中迅速地传唱开来。各种振奋人心的歌曲重现了新社会的光明前景和旧社会的黑暗遭遇，新社会的自由民主与旧社会的剥削压迫，共产党军队与国民党军队的天壤之别。这些极具艺术感染力的湖湘红色歌曲为人们送去了精神的慰藉和情感的寄托。在中国特色社会主义新时代，湖湘红色歌曲继续激发着人们的斗志，陶冶着人们的情操。

（3）红色潇湘，薪火相传

红色是湖南最鲜明的底色。奔流不息的湘江水，孕育滋养着伟人故里、将帅之乡、革命摇篮。三湘大地遍布着革命先烈的红色足迹，宛如一座没有历史围墙的博物馆。纵观百年党史，湖湘英雄灿若星河，在革命年代，蔡和森、向警予、毛泽东、邓中夏、刘少奇、任弼时、彭德怀、贺龙、罗荣桓为中国革命建设创下了丰功伟绩，他们身上凝结的红色基因，深深融入湖湘儿女的精神血脉，使其在弘扬湖湘文化的过程中汲取砥砺奋进的力量。

三、作业布置

1. 什么是湖湘红色歌曲？湖湘红色歌曲具有哪些特点？
2. 湖湘红色歌曲的育人价值有哪些？

---

① 徐向前.艰苦的历程——中国工农红军第四方面革命军回忆录选辑（上册）[M].北京：人民出版社，1984.

第二节　实践课堂

一、实践任务目标

（一）素质目标

通过湖湘红色文化实践研修活动，引导学生树立正确的价值观，升华情感认知，铸牢理想信念之魂，增强政治素养与人文素养。

（二）知识目标

了解湖湘红色歌曲产生的背景，掌握湖湘红色歌曲的内涵与特点，把握湖湘红色歌曲的时代价值和重要作用。

（三）能力目标

明辨是非，学会鉴别真、善、美，增强审美力与鉴赏力。充分认识到湖湘红色歌曲的价值与作用，从而能够自觉学习传承湖湘红色文化，提高道德品质。

二、实践任务实施

（一）传唱湖湘红色歌曲

1. 活动目标

脍炙人口的红色歌谣，承载着厚重的革命记忆，蕴藏着许多感人至深的故事。通过传唱红色歌谣，加深对红色歌谣的认知和理解，感受如火的激情和奋发的力量，培养爱国主义情怀，懂得珍惜当下的美好生活。

2. 活动类型

社会实践

3. 活动方案

①实践分组：活动以小组为单位开展实践活动每组5人左右，选定组长1人。

②选定一首湖湘红色歌曲作为表演作品。

③查找相关资料，了解红色歌曲的创作背景。

4. 作品要求

①围绕实践主题自选歌曲，要求思想性强，内容积极向上。

②展示时间为五分钟左右。

③演唱形式多样化，可采用齐唱、合唱、领唱、朗诵加演唱等不同的演唱形式，可配合 PPT 等多媒体进行展示。

④演唱者自然、大方，衣着得体，精神饱满；小组成员之间配合默契；感情到位，能较好地表达歌曲的思想感情。

（二）湖湘红色歌曲合唱

1. 活动目的

为传承湖湘红色基因，激发人们热爱祖国的思想感情，增强对民族和文化的归属感和认同感。组织本次合唱比赛，大家在了解湖湘红色歌曲创作的背景上对歌曲进行合唱展示。

2. 活动主题

唱红色歌曲，赞精彩人生

3. 活动类型

合唱比赛

4. 活动方案

时间：×年×月×日

地点：××影剧院

参与对象：在校大学生

参赛要求：参加歌曲积极向上，演唱服装统一，队伍整齐，声情并茂，精神饱满，富有创新。

评委及评分标准：评委为音乐学院教师、思政课教师、辅导员。本次比赛采取百分制，最终分数按去掉一个最高分和一个最低分，求平均分而定，主持人当场宣读比赛成绩，最后评出一、二、三等奖见表 7-1。

表 7-1 评分表

评分项目	分值	得分
1. 人数：按规定人数参赛，5 人以下要扣 1 分	5%	
2. 队形：整齐、新颖有特色	20%	
3. 创意：服装、道具、演唱富有创新性	20%	
4. 演唱：能准确把握音准及旋律的变化，能准确表达歌曲的感情	50%	
5. 指挥：能否调动合唱队的情感，把握乐曲的节奏	5%	

设奖方式：一等奖一名、二等奖两名、三等奖三名、优胜奖若干。

（三）欣赏歌剧《半条红军被》

1. 实践题目

欣赏歌剧《半条红军被》。

2. 实践类型

观影活动

3. 实践目标

通过欣赏《半条红军被》歌剧，使人们深刻领悟中国共产党人民情怀和为民本质，并自觉地将爱国主义思想融入日常的行为中。

4. 实践方案

时长：120 分钟

地点：×××影剧院

流程：

首先，组织学生观看歌剧。其次，看完该剧后组织讨论歌剧当中印象最为深刻的一两个镜头。最后，撰写观后感。字数在 600 字以内。

5. 实践结果

实践结果以观后感的形式呈现。

6. 实践评价

根据参与者的讨论和观后感评分，总分为100分。

三、实践任务成果

汇编湖湘红色歌曲集；录制红色合唱系列短视频；展示红色歌剧优秀观后感。

四、实践任务评价

为确保实践活动评价的科学性，通常会使用多元性方法进行评价。多元性评价是指评价主体的多元化、评价内容的多元化、评价方法的多元化。多元性评价要求评价主体既要有他人评价，也要有自我评价；评价内容要涉及德智体美劳等多方面内容；评价方法既要把定性评价和定量评价结合起来。因此要用多元性评价的方式对实践任务进行全方位评价，考评细则见表7-2所示。

五、作业布置

从传唱红色歌曲、红歌合唱比赛、欣赏歌剧《半条红军被》中选择其中一个开展实践活动。

表 7-2 考评细则

评价项目、 评价方法、 评价主体		参与活动的 积极主动性 20%	参与实践活动 认真、专心 20%	合作意识、团队 协作能力 20%	实践作品完成 的质量 40%	总分
定量评价	组织者评价 50%					
	实践基地导师 评价 20%					
	个人自评 15%					
	小组互评 15%					
定性评价	综合评价 （评语）					

第三节　实践教学范例

实践项目："红色经典永流传，红色歌曲大家唱"比赛活动

一、实践背景

为深入贯彻习近平新时代中国特色社会主义思想，传承红色基因，进一步强化思想政治教育，引领学生一心向党、厚植爱国情怀，特组织本次活动。

二、实践目标

本次活动旨在通过传唱湖湘红色歌曲，更好地增强理论教学的实效，引导人们厚植爱党、爱国、爱社会主义的情感，深刻感悟党领导的伟大事业的光辉历程，赓续共产党人精神血脉，坚定信念、紧跟党走，从革命先辈走过的路中汲取智慧、提振信心、增添力量，把为崇高理想奋斗的伟大实践推向前进。

三、实践方案

时间：×年×月×日
地点：文化艺术中心。
流程：
步骤一：确定活动主题。根据实践活动目标，结合人们关切及时事热点，确定活动主题及活动时间地点。
步骤二：确定活动形式。根据活动主题及要求确定活动形式，拟定报名对象及参赛形式，包括以社区为单位，或自由组队，等等。
步骤三：选定比赛曲目。提前选定曲目及选拔参赛人员，引导人们深刻理解曲目丰富的历史内涵。所选曲目内容健康向上，思想性强，有感染力，有教育意义。
步骤四：活动具体实施。根据活动主题、活动形式确定活动方案，指导实践活动开展。

四、作业布置

根据实践项目完成实践任务，提交一份参与实践活动的心得体会。

第四节 教学延伸拓展

一、拓展：鉴赏湖湘红色歌曲

1. 鉴赏歌曲《浏阳河》见图 7-1 所示。

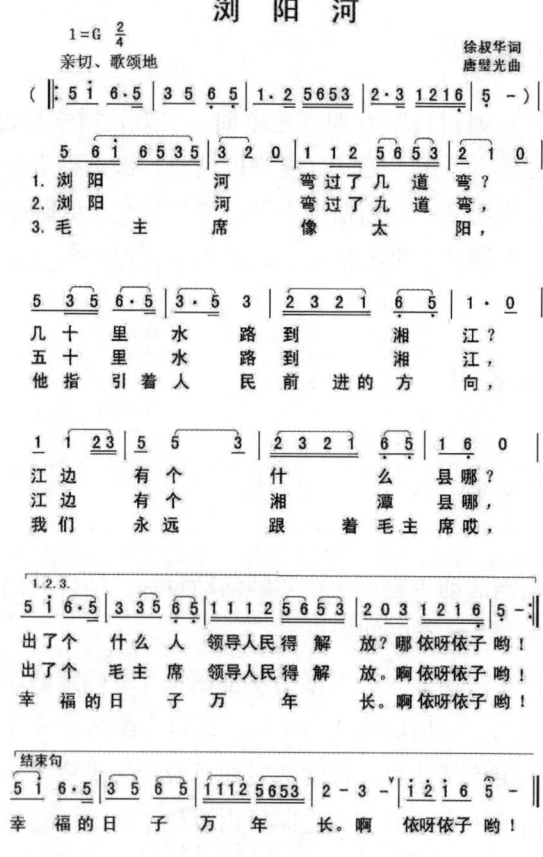

图 7-1 《浏阳河》歌谱

150

【创作背景】

1950年，湖南土改运动开始，黎托乡被选为土改试点。当年，由于黎托乡土改的成功，湖南省委省政府决定在黎托乡举行一场文艺晚会，并要求文工团的每个人都要创作一部作品参加文艺会演。徐叔华因此创作了花鼓戏《推土车》，《浏阳河》便是其中的第三段。当徐叔华把《推土车》报上去后，文工团把名称改为了《双送粮》。1951年，《双送粮》被送到武汉中南文化局却因调子不合适，被改成具有湖南特色的曲调。

《双送粮》进京演出获得了广泛的好评，并灌制了唱片。1952年，湖南通俗读物出版社出版发行了《双送粮》的剧本和曲谱，在书中，《浏阳河》一曲以该剧"第三曲"为题，由此可见，在当时并没有《浏阳河》的歌名。后来，一些剧团将剧中的第三曲单独作为一个节目演出，并采用男女对唱的表演形式，以第一句歌词为歌名，歌曲《浏阳河》正式诞生。

【歌曲鉴赏】

《浏阳河》整首歌曲的旋律起伏不大，线条优美，朗朗上口。歌词娓娓道来，似在讲述一段故事，又采用一问一答的形式，激起听者的好奇心。第一段是问话："浏阳河，弯过了几道湾？几十里水路到湘江。江边有个什么县哪？出了个什么人领导人民得解放？"第二段歌词则做出了相应的回答："浏阳河，弯过了九道湾，五十里水路到湘江，江边有个湘潭县哪，出了个毛主席领导人民得解放。"这种演唱形式，对答呼应清晰，又与旋律中的附点和切分节奏相结合营造了热烈而欢快的气氛。在调式上《浏阳河》采用了湖南小调中常用的徵调式，结尾衬词"啊咿呀咿子哟"的加入，使这首歌曲更加具有湖南的生活气息。

【社会影响】

《浏阳河》是一首传唱度极高的歌曲，它鲜明的湖南民歌韵味，用湖南方言演唱的亲切感，使它成为湖湘文化的一个符号，从湖南唱响，唱遍全国，唱向世界。

2. 鉴赏歌曲《秋收暴动歌》见图 7-2 所示。

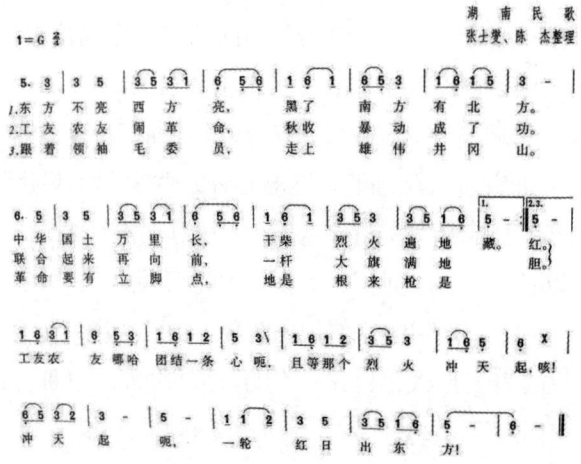

图 7-2 《秋收暴动歌》歌谱

【创作背景】

1927 年 9 月 9 日，毛泽东领导的湘赣边界秋收起义爆发。这是继南昌起义之后，中国共产党以革命的武装斗争反抗国民党反动派的又一英勇壮举，是中共党史军史上的三大起义之一。秋收起义不但是军队的行动，而且有大量工农武装参加，起义公开打出工农革命军的旗号，不再沿用国民革命军的名称。军旅作曲家张士燮有感于这个中国革命的重大历史事件，写下了具有湖南民歌风格的《秋收暴动歌》。

【歌曲赏析】

这是一首气势恢宏、由四乐句构成的单乐段革命歌曲，采用民族五声徵调式写成。三段歌词通俗、朴素、优美，极富时代感。"工友农友闹革命，秋收暴动成了功""跟着领袖毛委员，走上雄伟井冈山"，公开打出工农革命军的旗号，描绘了秋收起义和毛泽东率部队到达井冈山，创建中国第一个农村革命根据地——井冈山革命根据地的历史风貌。

【小知识】

音乐中的基本表现要素,按照音乐欣赏水平的高低,可分为三个阶段:官能的欣赏(主要满足于悦耳、好听,是较浅层次的欣赏)、感情的欣赏(对乐曲表现的基本情感有进一步的体验和把握)、理智的欣赏(在较高层次上对作品的音响、思想感情、表现意义等作知识性、专业性的赏析)。为了使欣赏超出感知的范围,欣赏者必须懂得一些音乐的表现要素、目的、结构和技巧。音乐中的基本表现要素有:旋律、调式、调性和声、节奏与节拍、速度、音区、章强、音色、织体等。

3. 鉴赏歌曲《挑担茶叶上北京》见图 7-3 所示。

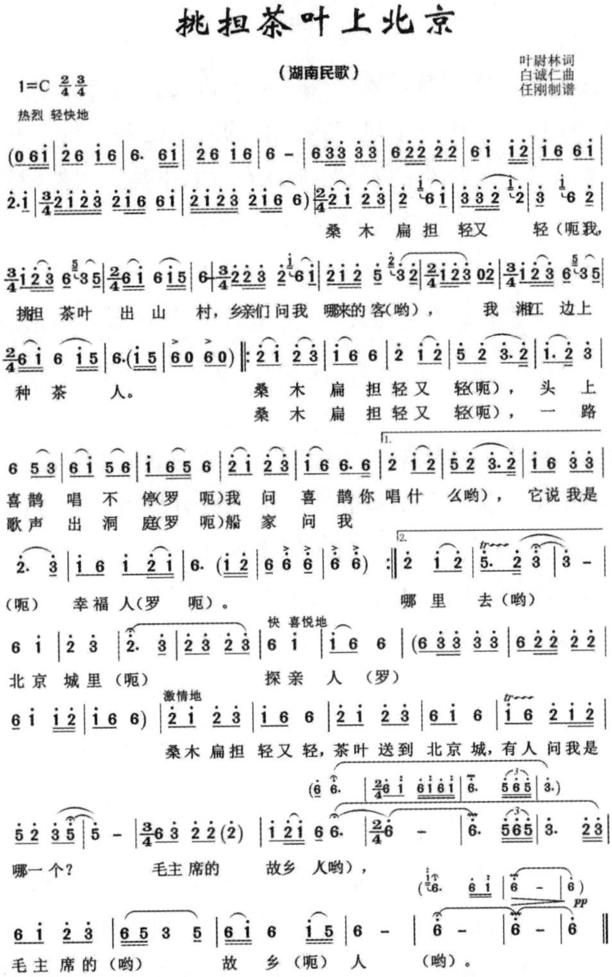

图 7-3 《挑担茶叶上北京》歌谱

【创作背景】

1958年清明节前,漫山遍野的茶叶吐着新芽、泛着新绿,古丈县古阳镇思源桥村(原红星大队)的几位年轻的土家族茶农,怀着吃水不忘挖挖井人、幸福不忘毛主席的深厚感情,精心炒制了十斤一芽一叶的明前茶(湘西人叫社茶),寄给了毛主席,还特别在茶叶里夹了一封情深意切的信,以表达土家族儿女对毛主席的爱。在忐忑不安而又急切喜悦的等待中,毛主席居然委托中共中央办公厅寄来了回信,回信说:毛主席收到了你们寄来的古丈毛尖,不愧为名茶,很可口,毛主席尝后连声称道"好茶!好茶!"希望古丈人民大力发展……信后,毛主席还叮嘱茶农种茶辛苦以后不要再寄了,祝福古丈县人民身体健康、家庭幸福,社会主义的美好日子越过越好。

毛主席的回信,立刻像春风一样吹遍了古丈县的每一寸土地,古丈县人民种茶的劲头也一个比一个足,古丈县的每个山头、每个家庭,都种了茶叶,成了茶园。一个小小的不到15万人口的小县,居然栽种了15万亩茶叶,一人一亩,可谓名副其实的茶乡。

著名作家叶蔚林听说这个故事后,写了一首歌词《挑担茶叶上北京》,请著名作曲家白诚仁作曲、土生土长的古丈籍歌唱家何纪光演唱。从此,这首歌红遍全国。

【歌曲赏析】

在歌曲中,作者巧妙地融会了湖南的桑植民歌、城步民歌与衡阳山歌和韶山山歌的音调,其音乐结构既有瑶腔山歌方整划一的特点,又有高腔山歌地走腔挥声;抛洒自如的气韵线松紧有度;快与慢的转换,轻与重的调节,明快与舒缓的对比,都紧紧地系在一条扣人心弦的情线上,使之成为一首曲调淳朴清新、旋律优美、乡风浓郁的优秀山歌。

【小知识】

桑植民歌起源于原始农耕时期的生产劳动,质朴、粗放、风趣、诙谐是其主要的艺术风格。桑植民歌分为山歌、小调、礼仪歌傩腔等,涵盖了传统民歌的多种体裁。其曲式结构严谨,曲体多样,尤其是衬词的运用,使民歌在烘托气氛、揭示人物内心情感等方面达到了极高的艺术境界。此外,桑植民歌特殊的润腔方法和气声演唱技巧,极大地丰富了民歌演唱理论,为声乐演唱提供了独特的范例。桑植民歌能表达各种不同情感:有浑圆嘹亮的山歌,优美抒情的小调;有欢快活跃的花灯,低沉哀怨的曲艺;还有气势磅礴的劳动号子,荡气回肠的薅草锣鼓,以及激昂向上的革命歌曲。民歌手们喜于演唱那些将演唱技巧与歌词内容、民族语言、乡土特色有机结合在一起的歌曲,善于演唱出种种迥异的思想感情,使听众们如痴如醉、愉悦陶然。

二、作业布置

请从创作背景、曲式分析、歌曲鉴赏三个维度深入剖析一首你最喜欢的湖湘红色歌曲。

专题八
践湖湘革命道德

第一节 实践导学

一、理论要点

(一)湖湘革命道德的内涵

马克思主义伦理学认为,道德是人类生活所特有的,以善恶为标准,依靠宣传教育、社会舆论、传统习俗和内心信念来调整人与人、人与自然、人与社会之间相互关系的行为规范的总和。道德是人们共同生活及其行为的准则和规范,通过社会的或一定阶级的舆论对社会生活起约束作用。

革命道德是马克思列宁主义同中国革命实践相结合的产物,其倡导者和实践者主要是共产党人和革命战士,后随着革命形势的发展逐步扩展到全国,成为全民族的道德规范,本质上属于共产主义道德体系,又继承中华民族的优秀道德传统,是马克思主义伦理思想中国化与中华民族优秀道德传统现代化的精神成果。

中国革命道德是指中国共产党人、人民军队、一切先进分子和人民群众在中国新民主主义革命和社会主义革命与建设中所形成的优良道德。其基本内涵是以实现社会主义和共产主义的崇高理想为目标,以全心全意为人民服务为核心,以集体主义为原则,高举爱国主义和国际主义相结合的旗帜,形成无私奉献、顽强拼搏、艰苦奋斗、勤俭节约等革命精神。

湖湘革命道德是以毛泽东同志为代表的湖湘无产阶级革命家们经历

革命斗争的风雨洗礼，怀揣梦想，跋涉不辍，为民族独立、人民解放和国家富强、人民幸福作出了不可磨灭的贡献，他们在这一时期形成的崇高理想、家国情怀、革命意志和优良传统是中国革命道德的重要组成部分，也是激励广大湖湘儿女继承革命意志，守初心，担使命，接续奋进，砥砺前行的重要精神力量。

（二）湖湘革命道德的形成发展历程

1. 马克思主义伦理思想是其形成的理论指导

所谓"道德"，是一个时代的产物，是社会用以约束个人行动的，是一定社会生产方式和交往方式的产物。湖湘革命道德是湖湘大地上的共产党人以及湘籍革命家群体在中国革命、建设、改革中所形成的优良道德。湖湘革命道德是中国革命道德的重要组成部分，是马克思主义伦理思想中国化的结果。以毛泽东、刘少奇、蔡和森等为代表的老一辈无产阶级革命家，以马克思列宁主义伦理思想为指导，把握中国革命、建设大势，根据革命和建设不同发展阶段发表一系列重要著作，精辟论述革命道德的基本内容、基本原则和行为规范。有毛泽东的《关于纠正党内的错误思想》《为人民服务》《反对自由主义》《整顿党的作风》《新民主主义论》《论联合政府》，刘少奇的《论人的阶级性》《论共产党员的修养》，蔡和森的《社会进化史》，等等。

2. 中国传统道德是其形成的重要源泉

湖湘革命道德的产生、形成之所以要以批判继承中国传统道德为历史前提和重要源泉，是由道德发展规律所决定的。人类道德发展是个先后连贯、不断更新，由低级向高级演进的过程，在这个过程中，任何一种新道德的出现，都不是凭空而来，而是从旧道德中脱胎出来的。任何时代、任何阶级都要以道德的手段调节个人与个人、个人与集体、个人与民族和国家之间的利益关系，积累一些共同性、普遍性的经验和教训，形成一些道德规范。如热爱祖国、服务人民、民族团结、艰苦奋斗、诚实守信、勤俭节约、夫妇相爱、家庭和睦、扶贫济困等。

湖湘革命道德亦是如此，是以中国革命道德为前提，批判继承前人的优秀道德成果基础上，结合自身发展实际形成的。毛泽东同志说："清理古代文化的发展过程，剔除其封建性的糟粕，吸收其民主性的精华，是发展民族新文化提高民族自信心的必要条件；但是决不能无批判地兼收并蓄。"早期的湘籍无产阶级革命家毛泽东、李达率先用唯物史观阐释道德与社会经济、政治的关系，批判旧道德，主张新道德。毛泽东还主张对古代传统道德采取批判继承的科学态度和科学方法，取其精华，去其糟粕。这些都为马克思主义伦理思想的广泛传播和湖湘革命道德形成、发展奠定基础。

3.革命道德实践是其形成的实践之基

革命道德源于革命实践，只有在革命实践的基础上才能形成系统地、科学地、完整的革命理论体系。湘湖革命道德是中国革命道德的重要组成部分，二者都萌芽于五四运动，发端于中国共产党成立之初，土地革命战争时期初步形成，抗日战争和解放战争时期最终形成，在社会主义革命和建设时期、改革开放和社会主义现代化建设新时期、中国特色社会主义新时代得以传承并创新发展。

五四运动时期，蔡和森、毛泽东、萧子昇等人在长沙成立了新民学会。继承爱国主义传统，倡导"革新学术，砥砺品行，改良人心风俗"，试图用改良来挽救民族危亡。中国共产党第一次全国代表大会与会代表中有4名为湖南人，他们分别是湘潭人毛泽东、零陵人李达、宁乡人何叔衡、沅陵人周佛海。土地革命战争时期，以毛泽东为代表的湘籍无产阶级革命家，开创了适合中国特点的农村包围城市、武装夺取政权的正确革命道路。许多先进分子和革命战士得到极大鼓舞，更加坚定革命信念，思想觉悟产生质的飞跃。理想坚定、一心为民、清正廉洁、艰苦奋斗等革命精神的形成，标志着湖湘革命道德初步形成。在革命实践中汲取的道德营养，进而转化为道德规范，因此，革命道德实践是湖湘革命道德形成的实践基础。

（三）湖湘革命道德的主要内容

1.为实现社会主义和共产主义的理想信念而奋斗

社会主义和共产主义的理想信念凝聚着一代又一代中国共产党人的具体实在的英勇奋斗，坚持社会主义和共产主义理想信念的不屈不挠的精神，是湖湘革命道德的核心和灵魂。正是为实现社会主义和共产主义崇高理想，无数湖湘革命先烈浴血奋战、敢为人先、发愤图强。陈树湘，曾率领着数千名勇士，血战湘江。被敌人逮捕后，断肠明志，发出"为苏维埃流尽最后一滴血"的豪迈誓言，彰显了湘籍共产党人无私忘我的崇高境界。革命先烈排除万难、坚持斗争、无私无畏、不怕牺牲，展现的正是湖湘革命道德中坚定的社会主义和共产主义的理想信念。

2. 全心全意为人民服务

湖湘革命道德是对中国革命道德的进一步继承和发展，从一开始就特别强调要为群众服务、为大众谋幸福、为人民利益献身，并认为这是对一切革命人士和先进分子的要求。湘籍伟大的共产主义战士雷锋发出"人的生命是有限的，可是为人民服务是无限的，我要把有限的生命投入无限的为人民服务之中去"的忠贞誓言。还有湘籍革命家林伯渠为党的事业鞠躬尽瘁，为宣传和捍卫真理英勇奋斗，将救国救民的伟大抱负践行一生。可以说，全心全意为人民服务作为贯穿中国革命道德始终的一根红线，是中国共产党在中国革命实践中的一个伟大创造，对湖湘地区的革命、建设、改革事业产生了极其重大的推动作用。

3. 始终把革命利益放在首位

共产党人和革命者从事革命活动的目的就是为革命利益而奋斗，在个人利益与革命利益发生矛盾时，要"以革命利益为第一生命，以个人利益服从革命利益"。[①] 正如刘少奇指出："个人利益服从党的利益，地方党组织的利益服从全党的利益，局部的利益服从整体的利益，暂时的利益服从长远的利益。"杨开慧在被捕期间面对威逼利诱，严刑拷打，她坚贞不屈，大义凛然："你们要打就打，要杀就杀，要想从我的口里得到你们满意的东西，妄想！""砍头只像风吹过！死，只能吓胆小鬼，吓不住共产党人！"她牺牲小我，成功大我，始终把革命利益放在首位。其所作所为激发了革命者为集体而献身的斗志，使革命队伍形成了前所未有的向心力和凝聚力，也使革命事业不断蓬勃向前发展。

4. 树立社会新风，建立新型人际关系

树立社会新风，建立新型人际关系也是湖湘革命道德在处理人际关

---

① 毛泽东.毛泽东选集（第二卷）[M].北京：人民出版社，1991.

系、引领社会风气方面的要求。1919 年，湖南长沙年仅 21 岁的女子赵五贞，因不满父母包办婚姻，在多次反抗无果后，绝望地自杀于出嫁的花轿中。这一事件引起了当时身在长沙的毛泽东的关注，他连续十几天在各大报刊发表了《对于赵女士自杀的批评》等九篇文章，严厉地抨击了丑恶的封建婚姻制度。湖湘革命道德和中国革命道德一道，致力于破除等级观念和特权思想，破除鄙视劳动和劳动人民的旧观念，树立平等意识，建立团结互助、平等友爱的新型人际关系，引导建立新型家庭关系和培育良好家风。对于提升人民群众的文明水准和道德风貌，树立社会新风尚，起到了重要作用。

5. 修身自律，保持节操

湖湘革命道德主要体现在湘籍革命家对自身道德修养的重视与践行。加强个人道德修养是关乎革命成败的大事，因而践履革命道德的重要环节就是共产党人修身自律、保持节操。湘籍无产阶级革命家刘少奇在《论共产党员的修养》中提出："我们共产党员不能把理论学习和思想意识修养互相割裂开来。我们共产党员，不但要在革命的实践中改造自己，锻炼自己的无产阶级意识，而且要在学习马克思列宁理论的过程中改造自己，锻炼自己的无产阶级思想意识。"毛泽东在《关于正确处理人民内部矛盾的问题》一文中指出："工人阶级必须在工作中不断学习，逐步克服自己的缺点，永远也不能停止。"我们须通过实践，坚持社会主义和共产主义道德理想；高举爱国主义旗帜，全心全意为人民服务；发扬艰苦奋斗、勤俭节约的精神，传承热爱劳动的光荣传统，坚持实事求是的优良传统；严于律己、谦虚谨慎、淡泊名利、清正廉洁、襟怀坦白、光明磊落，始终保持高风亮节，展现出高尚的人格力量。

（四）湖湘革命道德的当代价值

1. 有利于加强和巩固社会主义和共产主义的理想信念

崇高的理想，召唤人们向光明和未来进军，点燃人们心中的激情，使人们不论在任何情况下都能明辨方向，坚定不移地开拓前进，能够给人以信心、勇气和力量，使人们以大无畏的英雄气概战胜一切艰难险阻，可以使人生充实、情操高尚、思想升华、道德净化。如果没有精神、没有理想信念的支持，一个人的一生只能庸庸碌碌、无所作为，甚至会对国家和社会造成危害。当前，我们既要正视人民群众的物质利益，不断提高和改善人民的物质生活，又要进行理想信念教育，充实人民群众的精神生活。传承和弘扬湖湘革命道德，有利于坚持和发展中国特色社会主义，有利于树立和培养人民群众的社会主义和共产主义的理想信念。

2. 有利于培育和践行社会主义核心价值观

"国无德不兴，人无德不立。"习近平总书记指出："核心价值观，其实就是一种德，既是个人的德，也是一种大德，就是国家的德、社会的德。"而"培育社会主义核心价值观，首先要培植一种有益于国家、社会、他人的道德。"社会主义核心价值观是在当今中国社会精神生活领域占主导和引领地位的价值观念。湖湘革命道德蕴含着培育和践行社会主义核心价值观的丰富思想道德资源。只有不忘本来才能开辟未来，善于继承才能更好创新。在新的历史条件下，继承和弘扬湖湘革命道德，对于人们理解社会主义核心价值观的科学内涵和历史底蕴，增强价值观认同，为中国特色社会主义事业提供攻坚克难的强大精神支撑，具有重要意义。

3. 有利于引导人们树立正确的道德观

革命道德体系是无产阶级人生观、道德观的集中体现。它培育的革命理想、信念，树立的共产主义人生观、道德观，提倡的革命英雄主义、革命乐观主义、全心全意为人民服务、艰苦创业、无私奉献和自我牺牲的精神，形成强大的精神力量，有力保证了中国革命、建设、改革的胜利。一个革命者唯有牢固树立并自觉坚持正确的革命道德观，才能在革命事业的艰难困苦中经受住严峻考验；才能在身处顺境时保持清醒的头脑，身处逆境时仍然坚忍不拔，保持应有的革命节操；才能视国家和民族的利益为最大价值而为之不懈努力、奋斗终身。身处中国特色社会主义新时代，传承湖湘革命道德，能够引导人们正确对待个人利益和社会整体利益、国家利益的关系，广大湖湘儿女以昂扬向上的姿态在以中国式现代化全面推进强国建设、民族复兴伟业的火热实践中绽放绚丽之花。

4. 有利于培育良好的社会道德风尚

改革开放以来，在党中央的正确领导下，湖南实现了从经济落后向经济十强的大跃升，从根本上改变了湖南经济落后的面貌。人们的生活水平显著提高，老百姓的获得感也越来越强，尤其是人们的精神面貌也发生了极大的变化。总体而言，湖南地区道德领域呈现积极健康向上的态势，但部分人仍然存在诚信缺失、见利忘义、金钱至上等问题，污染社会风气，腐蚀了人们灵魂。要想有效解决这一突出问题，就要充分发挥湖湘红色文化的优势，弘扬湖湘革命道德的优良品质，抵制各种腐朽思想，树立浩然正气，凝聚崇德向善的正能量。

二、现实关切

湖湘红色文化底蕴深厚，内涵丰富、源远流长。伴随着以毛泽东为代表的湖湘无产阶级革命伟大的足迹，湖南共产党人经历革命斗争的风雨洗礼，以生命和鲜血铸就了独具特色的湖湘革命道德。为了确保红色实践研修活动的实效性，特设计问卷，展开实践调查。

（一）调查问卷

1. 您对湖湘革命道德的了解程度（　　　）

　　A. 完全了解　　　　　　　　B. 比较了解

　　C. 不太了解　　　　　　　　D. 不了解

2. 通常您通过哪种渠道了解湖湘革命道德（　　　）

　　A. 革命人物宣传　　　　　　B. 课堂教学

　　C. 相关著作　　　　　　　　D. 网络媒体

　　E. 红色革命基地或博物馆参观等

3. 您认为湖南省对湖湘革命道德的重视程度和宣传力度如何（　　　）

　　A. 非常重视，宣传力度也非常大

　　B. 比较重视，经常看到各种红色文化宣传片

　　C. 重视程度一般，偶尔看到有关红色文化的宣传

　　D. 不知道，没关注

4. 您是否经常阅读革命道德的相关书籍（　　　）

　　A. 从不　　　　　　　　　　B. 极少

　　C. 偶尔　　　　　　　　　　D. 经常

5. 您是否在湖南省内参观过红色革命基地并为其所触动（　　　）

　　A. 参观过，并深受感动

B. 参观过，但并无感觉

C. 没参观过

6. 您认为以下属于湖湘革命道德的内容有（　　）（多选）

A. 坚定理想信念、不怕牺牲、勇于奉献

B. 强调经世致用、实事求是、求真务实

C. 重视自强不息、敢于斗争、勇于担当

7. 您认为湖湘革命道德对您学习生活的影响程度为（　　）

A. 影响非常大　　　　　　B. 影响一般

C. 影响比较小　　　　　　D. 几乎没有影响

8. 请列举您心目中最熟悉的湖湘革命人物（至少两个）。

（二）回应关切

青年兴则国家兴，青年强则国家强，新时代青年是实现中华民族伟大复兴的中坚力量。湖湘革命道德蕴含着深刻的价值理念和道德规范对当代道德建设具有重要意义，特别是坚定的共产主义理想信念、百折不挠的革命精神和艰苦朴素的优良作风对树立理想信念、提升道德品质、养成良好生活习惯具有重要的指导性意义。然而，据调查结果显示，由于受多重因素的影响，人们接受湖湘革命道德教育的现状仍然不容乐观。主要表现在以下方面。

高校进行湖湘革命道德教育的形式单一。高校思想政治课堂教学作为人们革命道德教育的主渠道，目前开设了相关课程并取得了一定的成效。但大部分高校对人们进行道德教育是以课堂教学为主，教学内容以老师讲授为主，适当增加部分实践课程。人们对理论课程普遍重视程度不够，学习的积极性有待增强。实践课程常以制作微视频、演讲、朗诵、宣讲的方式进行，最终也只会变成为了完成任务而进行实践。

社会环境复杂冲淡革命道德教育成果。随着信息化、全球化的迅速发展，人们普遍追求的是速度和效率，追求的是时尚和进步，很少有人愿意停下来去回顾过去、忆苦思甜，而革命道德恰恰就是这样一种慢文化。在全球化发展的大趋势下，我们的思想价值观念受到外来文化的冲击，尤其影响青年人的价值观。

第二节　实践课堂

一、实践任务目标

（一）素质目标

通过实践教学活动，强化对中国优秀道德成果和湖湘革命道德的认同感，坚定共产主义理想信念，坚持集体主义价值导向，形成艰苦奋斗的优良品质。

（二）知识目标

了解湖湘革命道德的内涵、湖湘革命道德的形成发展历程，准确把握湖湘革命道德的内容，进一步明晰湖湘革命道德的时代价值及其对自我成长发展的重要性。

（三）能力目标

通过实践，强化道德行为；通过体验，提升道德共情力。同时，在红色实践研修活动中，提高团队合作能力、沟通协调能力、策划统筹能力。

二、实践任务实施

（一）"我最推崇的湖湘革命道德"故事会

1. 实践目的

湖湘革命道德揭示了革命道路的曲折和艰辛，记录了无数湘籍共产党人为民族独立、人民解放前赴后继、英勇斗争的事迹，是无比宝贵的财富。这些财富不仅在中国革命建设时期发挥了重大作用，而且在实现中华民族伟大复兴的新征程上，仍然有重大的传承价值和意义。

2. 实践主题

"我最推崇的湖湘革命道德"故事会。

3. 实践类型

实践以故事会、读书会的形式开展。

4. 实践方案

第一，活动负责人布置"我最推崇的湖湘革命道德"故事会任务。故事主题主要围绕湖湘革命道德即可，范围可选择中国革命、建设改革时期能够体现湖湘革命道德的感人故事，也可以从身边故事谈起。

第二，自行准备相关材料和表达形式，也可以小组为单位准备材料。

第三，将确定好的主题报给活动组织者，组织者进行筛选。

第四，故事会当天分小组展示。展示故事之后，请大家集体讨论故事内容。

第五，活动结束后可以选择一两个故事写一篇心得体会，不少于500字。

5. 实践评价

活动组织者根据各组的表现分别为各小组打分，小组得分即个人的得分，得分表见表8-1所示。

表8-1 得分表

评价指标	满分	得分
故事准备	30	
故事表现	30	
心得体会	30	
课堂表现	10	
总分	100	

（二）"传承湖湘革命道德"微电影创作大赛

1. 实践目标

在"微电影"创作的准备、拍摄等过程中，进一步理解"湖湘革命道德"的精髓，紧跟时代的脚步，传承、践行湖湘革命道德。通过独特视角和全新创意，进一步丰富湖湘革命道德的时代内涵，同时也提供锻炼的机会和展示的舞台。

2. 实践方案

（1）时间：3学时。

（2）地点：某报告厅。

（3）流程：①赛前宣传。大赛前一周，展出黑板以及海报，广泛宣传本次活动。②大赛主题。大赛以"传承湖湘革命道德"为主题。参赛选手可自行选择以下奖项参与比赛（可多选）：最佳微电影、最佳原创剧本、最具创意微电影、最佳广告微电影、最佳动画类微电影、最佳导演、最佳剪辑、最佳摄影、最具网络人气微电影。

（4）作品要求：

①思想健康、积极向上，有较好的精神面貌，能够较好地反映拍摄的主题，有一定的思想深度，内容充实、生动。

②拍摄画面清晰连贯。有一定的拍摄和剪辑技巧。后期制作方式不限。作品要求分辨率在 640×480 以上。

③参赛作品必须是原创作品，严禁抄袭、模仿、拷贝他人作品。作品表现形式不限，影片长度：5~30分钟。以普通话（英语及方言需中文字幕）为主要发音语言。

④作品拍摄工具不限，数码、摄像机、手机、数码相机等。以电脑为制作、编辑工具，制作方式不限。

（5）现场展示。将每个参赛的微电影文件都准备好，确定播放顺序，检查设备。在进行微电影展示前，安排导演讲解。各导演按事先抽签的顺序，在每部电影放映之前，由该片导演先上台介绍他们的影片，可以讲一个拍摄过程中比较有趣的事情，或者是一个留下悬念的剧透。随后进行现场微电影展示。

（6）作品评优。作品展示完毕后，由评委对该作品进行打分。根据评委打分和观众投票选出入围作品，后根据影片评出一、二、三等奖及最佳单项奖。

（7）网络展示。参赛作品可以上传至学校官方网站进行展示。

3. 实践评价

具体考评细则见表8-2所示。

表 8-2　得分表

评分指标	分值	得分
作品需具有创意，故事内容不空洞，设计个性化	30	
演员表演灵活，不死板	20	
能够体现当代人们生活的特点	20	
镜头衔接顺畅，不突兀	20	
时间在规定的范围内，不超时	20	

（三）湖湘革命道德征文比赛

1. 实践主题

关于湖湘革命道德征文比赛。

2. 实践类型

实践以征文形式展开。

3 实践目的

通过撰写文章，让学生对湖湘革命道德有全新的认识和准确的把握，深刻领会湖湘革命道德的时代价值，争做时代新人。

4 实践方案

时间：45 分钟

地点：×××会议室

5. 流程

步骤一：活动组织者对征文的目的和意义进行讲解。

步骤二：征文写作。

步骤三：提交征文，进行评价。

步骤四：选取优秀征文展示、诵读、品鉴。

6. 实践评价

主办方依照得分表对征文进行评价见表 8-3 所示。

三、实践任务成果

汇总湖湘革命道德故事，形成故事集；收集湖湘革命道德微视频，建立资源库；形成征文集，展示优秀征文。

表 8-3　得分表

（每 5 分一个档次）

项目	标准	满分	得分
结构	结构合理、层次清晰	30	
内容	内容丰富、述评结合	50	
语言	语言得体、修辞精当	20	
总分	以上分数相加	100	

四、实践任务评价

在实践教学过程中，使用多元性评价法对湖湘革命道德实践展开评价，具体评价见表 8-4 所示。

表 8-4　任务评价表

评价方法	评价主体、评价因子	参与实践活动态度和积极性（30分）	合作与团队协作程度（30分）	实践作品完成的质量（40分）	总分
定量评价	主办方评价 50%				
	个人自评 25%				
	小组评价 25%				
定性评价	综合评价（优秀、良好、合格）				

五、作业布置

从"我最推崇的湖湘革命道德"故事会、"传承湖湘革命道德"微电影创作大赛、湖湘革命道德征文比赛中选择任意一个开展实践活动。

第三节 实践教学范例

实践项目：大学生传承湖湘革命道德现状调研

一、实践背景

湖湘革命道德是湖湘红色文化的重要组成部分，为共产主义奋斗终身，革命利益高于一切；遵守党的纪律，严守党的秘密；不折不扣地执行决议；处处起带头作用，做群众的模范；善于学习，言行一致，实事求是；克己奉公，埋头苦干；严于律己宽以待人；艰苦奋斗……这些优良道德传统时至今日仍然有着重要的意义和作用。

二、实践目的

为客观地了解当今社会传承革命道德使命感现状，特组织开展本次调查，帮助大家把握湖湘革命道德的当代价值，提升责任感和使命感。

三、实践方案

实践时间：×年×月×日

实践地点：各高校。

人员分工：5人一组，每组设一名负责人，发放调查问卷。

调查对象：在校大学生。

实践步骤

步骤一：活动负责人组织明确实践任务，布置实践任务。包括问卷准备、时间与地点确定、各组负责人选定、统计方法运用。

步骤二：组织各小组充分发挥想象力，进行积极思考。小组之间要进行讨论，形成相应的调查思路与框架，拟订调查计划，制作好调查问卷。

步骤三：在预定的时间和地点，发放问卷，回收问卷。

步骤四：各小组负责人统计问卷调查情况，提交给主办方。

二、布置作业

依据实践活动目标，活动组织者组织参与者撰写调查研究报告，字数 200~500 字。

调查研究报告写作的具体要求：按照调查问卷中反映出的现象的重要性，突出重点、简明扼要；注意结论是否客观公正，前后是否一致，是否存在疏漏，论据是否充分，重点是否突出，语言是否准确等。

第四节 教学延伸拓展

一、拓展阅读

汲取道德营养，赓续百年初心①

（来源：红网 2021 年 5 月 15 日）

重温百年党史，一代又一代中国共产党人不屈不挠顽强拼搏，涌现了一大批的先进模范、革命烈士、时代英雄，他们的精神"要素"，构建起了中国共产党人的精神谱系，成为传承百年的红色基因。开展党史学习教育，就是要做到学史明理、学史增信、学史崇德、学史力行，在党史中汲取智慧和力量。学史崇德，就是要大力发扬党的革命传统和优良作风，赓续共产党人的精神血脉，矢志践行初心，永葆革命者的奋进前行的精神，才能不惧风雨，走好新时代的长征路。

了解革命前辈思想，升华道德认知，从道德事例中获得道德动力。道德，看起来不可捉摸，其实最好的学习就是通过革命前辈的事迹来了解，在这些鲜活的故事中，有他们在道德上的具体行动，也闪耀着他们的道德精神。感悟任弼时同志"三怕"的"骆驼精神"、重温许光达大将"三让"的光辉事迹……深刻地了解这两位革命前辈的思想，能够升华我们对道德的认知，让我们明白道德具有的强大力量，才能从中收获道德的

---

① 红网. 汲取道德营养，赓续百年初心 [EB/OL](2021-5-15)[2021-5-15]https://hn.rednet.cn/content/2021/05/15/9341734.html.

动力。

仰慕革命前辈道德，强化道德自律，从红色基因中汲取道德营养。重温烽火岁月，任弼时和许光达的事迹，让我们有了更深刻的感知，他们崇高的道德境界、高风亮节，不仅让我们看到了他们的道德光环，更是在仰慕革命前辈道德的过程中，让我们找到了"明镜"，找到了强化道德自律的榜样。让我们从他们身上传承红色基因，汲取道德营养，不断地提升自我的道德修养，深刻感受共产党人"立政德、明大德、守公德、严私德"的信仰力量。

自觉提升道德境界，砥砺道德实践，把道德力量转化为前行力量。了解道德事例、仰慕革命前辈道德，是我们不断加深对道德认识，不断提升道德修养的重要方式，我们更要善于把汲取的道德营养，转化为砥砺前行的道德实践，始终保持"赶考"的清醒，永葆奋进姿态，才能为推动"三高四新"战略落实，凝集不竭的道德动力，把道德力量转化为现代化新湖南更好前行的力量。

湖南"十步之内，必有芳草"。深挖湖南丰厚的红色资源，认真学习任弼时、许光达等老一辈无产阶级革命家的道德精神，能够在他们高尚的人格、崇高的道德修养中，感悟共产党人用鲜血和生命践行"为党和人民牺牲一切"的铮铮誓言，才能够不断升华自己的道德境界、精神境界，凝聚迈步新征程、奋进新时代强大道德力量。

二、作业布置

请在参与实践活动的基础上，结合自身实际，思考如何有效传承弘扬湖湘革命道德，并撰写一份实践心得。

参考文献

1. 马克思、恩格斯. 马克思恩格斯全集：第一卷[M]. 北京：人民出版社，2002.
2. 中共中央马克思恩格斯列宁斯大林著作编译局编译. 列宁选集（第一卷）[M]. 北京：人民出版社，2012.
3. 毛泽东. 毛泽东文集第一卷[M]. 北京：人民出版社，1993.
4. 毛泽东. 毛泽东文集第二卷[M]. 北京：人民出版社，1993.
5. 毛泽东. 毛泽东选集（第二卷）[M]. 北京：人民出版社，1991.
6. 习近平. 习近平谈治国理政（第一卷）[M]. 北京：外文出版社，2018.
7. 习近平. 论中国共产党历史[M]. 北京：中央文献出版社，2021.
8. 习近平. 在党史学习教育动员大会上的讲话[M]. 北京：人民出版社，2021.
9. 中共中央文献研究室. 习近平关于社会主义文化建设论述摘编[M]. 北京：中央文献出版社，2017.
10. 习近平. 用好红色资源，传承好红色基因，把红色江山世世代代传下去[J]. 求是,2021（10）.
11. 习近平. 在纪念五四运动100周年大会上的讲话[N]. 人民日报，2019-5-1（002）.
12. 习近平. 在北京大学师生座谈会上的讲话[N]. 人民日报，2018-5-3（002）.
13. 习近平. 在会见第一届全国文明家庭代表时的讲话[N]. 人民日报，2016-12-16（002）.
14. 习近平在湖南考察时强调在推动高质量发展上闯出新路子谱写新

时代中国特色社会主义湖南新篇章[N].人民日报，2020-9-19（001）.

15.习近平.在"不忘初心、牢记使命"主题教育总结大会上的讲话[N].人民日报，2020-1-9（002）.

16.唐洲雁、李杨.中共元勋家书品读[M].北京：中国人民大学出版社，2013.

17.恽代英、邓中夏、赵一曼等.红色家书[M].南京：江苏凤凰文艺出版社，2017.

18.中共中央文献研究室编.老一代革命家家书选[M].北京：中央文献出版社，1990.

19.红色家书编写组.红色家书[M].北京：党建读物出版社，2016.

20.孙东升.红色书简[M].广州：广东人民出版社，2011.

21.桂从路.激活岁月沉淀的精神力量（评论员观察）[N].人民日报，2018-6-26（005）.

22.申智林.湖南推进文化和科技深度融合，加快发展新型文化业态——这里的音视频产业有点潮[N].人民日报，2025-03-23（004）.

23.李志雄.创新红色文化教育 引领青少年健康成长[N].光明日报，2021-04-28（008）.

24.田海燕、高鲁.红军歌谣[M].太原：山西人民出版社，1979.

25.徐向前.艰苦的历程——中国工农红军第四方面革命军回忆录选辑（上册）[M].北京：人民出版社，1984.